이공계
글쓰기
달인

이공계 글쓰기 달인

글쓰기의 기초부터 실전 매뉴얼까지

김규태·손재권·이은희·이왕열 지음

. 들어가는 글 .

이공계여, 표현의 날개를 달아라

"짹짹"

출근길 통근 버스 안. 대부분의 사람이 모자란 잠을 보충하는 시간이지만, 같은 팀의 선후배인 표현정 팀장과 전이공 대리의 눈은 초롱초롱하다. 둘은 열심히 스마트폰을 들여다보고 있다. 그들이 요즘 관심을 가지는 것은 140자의 짧은 글로 자신을 표현하는 트위터 서비스. 둘은 열심히 액정을 눌러 자신들에게 온 '멘션'에 답하는 중이다.

두 사람은 최근 유행하는 이른바 소셜 서비스에 한참 재미를 붙이고 있었다. 어느새 표 팀장과 전 대리의 트위터 팔로어Follower는 수천 명에 달할 정도가 되었다. 트위터를 한 지 1년 만에 이토록 많은 사람이 그들의 트위터를 방문한 것이다. 그들이 이처럼 유명세를 탈 수 있었던 이유는 자신의 전공인 과학에 대한 지식을 짧은 글에 적절하게 담아내는 재주와 기술적 결과물에 대해 생각해볼 만한 거리를 제대로 짚어내는 촌철살인의 분석력 때문이었다. '누구와도 효율적으로 커뮤니케이션하는 그날'을 위해 노력했던 그들의 소통 범위는 이제 가족과 직장, 개인 블로그를 넘어서 불특정 다수를 상대로 하는 소셜 서비스까지 확대되어 있었다.

    우리는 세상을 살아가면서 수없이 많은 사람들을 만난다. 원만한 인간관계와 직업적인 성공을 위해서는 타인과의 원활한 커뮤니케이션이 필수적이지만, 이는 결코 쉬운 게 아니다. 특히나 이공계를 전공한 과학기술자들은 이런 쪽에서 더 큰 어려움을 느낀다. 과학기술을 공부해서 자신의 전공으로 만드는 데에는 엄청난 시간과 노력이 필요하다. 그런데 이렇게 어렵게 공부한 지식을 타인과 나누는 방법까지 '과학적으로' 고민하는 이공계인은 드물기 때문이다. 많은 과학기술자들이 '그들만의 리그'에서 자족하고 전문적인 용어를 구사하면서 비전문가와 선을 긋곤 한다. 문제는 우리 사회에는 과학기술자가 아닌 사람들이 훨씬 많다는 데 있다. 생각보다 자주 비과학기술자라 할 만한 상사, 소비자, 대중을 대상으로 자신이 원하는 바를 전달하고 설득해야만 스스로가 원하는 과학과 기술에 관련된 일을 수행할 수 있는 것이 현실이다.

    많은 이공계인이 학교를 졸업하고 취직을 하거나 혹은 연구비를 지원받기 위해 정부기관의 문을 두드리다보면 표현력의 한계를 느끼며 좌절하곤 한다. 하지만 한계를 '인식'할 뿐, 이를 '수정'하려고는 하지 않는다. 종종 말이 통하지 않아 답답한 일이 생기면 말이 통하는 사람들끼리 만나 술 한잔 거나하게 하고는 '알맹이가 중요하지 껍데기가 무슨 소용이냐'며 넋두리를 늘어놓은 뒤, 다시 일상으로 돌아간다. 그 '껍데기'가 바로 알맹이를 돋보이게 해주는 것이라는 사실을 알면서도 애써 외면하는 것이다.

하지만 최근에는 이공계 출신 중에도 스스로의 목소리를 내는 사람이 많아졌다. 1960~70년대 과학기술자들이 대체로 연구에만 몰두했고, 행정은 정치가와 공무원들에게 맡기는 경우가 많았다. 그러다보니 과학 행정이 오히려 과학계 발전의 발목을 잡는 경우가 생겨나기 시작했다. 인간들이 이루는 조직사회에서 제도가 정비되어 있지 않으면 같은 일을 해도 몇 배나 힘이 들기 마련이라는 사실을 뒤늦게 깨달은 과학기술자들은 일부가 행정가로 전환해 요직을 거치면서 이를 고치려 노력했고, 서서히 그들의 입지가 다져지기 시작했다. 커뮤니케이션 분야에 있어서도 마찬가지다. 지금까지 커뮤니케이션은 인문학을 전공한 이들의 전유물로 여겨졌고 과학기술자들은 논문이나 열심히 쓰고 보고서나 잘 내면 되는 것으로 여겨졌다. 하지만 그렇게 과학기술자들이 자기들만의 언어로 이야기하고 있는 사이, 사회와는 소통의 문제로 인해 오해와 불신이 발생하기 시작했다. 사회 제도적인 면에서 그랬던 것처럼 커뮤니케이션 분야에 있어서도 스스로 나서야 할 필요성이 생겨난 것이다.

이런 변화의 트렌드에 걸맞게 최근 몇 년간 국내에서도 '과학자

겸 저술가'로 떠오르는 사람들이 생겨났다. 과학과 사회와의 커뮤니케이션에 성공한 이들이 자리 잡기 시작한 것이다. 또한 최근 10년간 급속히 발전되고 보급된 정보기술 인프라의 성장은 이공계 전공자들의 표현력을 키우는 데 일조하고 있다. 표현력의 부족함을 보충해주는 다양한 컴퓨터 프로그램들과 블로그, 사회연결망서비스SNS 등 어렵지 않게 자신을 내보일 수 있는 수단들이 등장했고, 위키피디아나 전문 사전 등을 통해 개인이 가진 전문 정보의 교류가 가능해지면서 신기술을 익히는 데 거부감이 없고 전문 지식을 가지고 있는 과학기술자들이 사회와 소통하기 수월한 구조가 짜인 것이다.

이 책은 모든 것이 융합되는 웹2.0 이후 시대에 이공계인들이 살아가는 데 약간의 도움을 주기 위해서 만들어졌다. 가볍고 쉽게 읽히는 인터넷의 글쓰기 형태를 빌려서, 이공계생에게 표현이 얼마나 중요한지 그리고 어떻게 익혀갈 수 있는지에 대해 고민한 것이다. 책은 앞부분에서는 가상의 인물인 표현정 팀장과 전공 공부만 하다가 홍보팀으로 파견 나온 전이공 대리 두 사람이 좌충우돌하면서 성장하는 이야기를 담았다. 둘이 주고받는 대화를 통해서 실제 생활에서 글쓰기, 말하기가 얼마나 중요한지를 깨달을 수 있다. 또한 두 사람의 대화 중간에 글쓰기, 말하기의 기법이 소개된다. 기존의 글쓰기 교재처럼 보이지 않기 위해서 딱딱한 형태의 국어교과서 방식은 최소화하면서도 따로 정리해서 추후에 찾아볼 수 있도록 한 것이다.

중간 부분에서는 깨달음(?)을 얻은 전이공 대리가 자기 계발하는 과정을 다뤘다. 전 대리는 표 팀장뿐 아니라 지인들을 통해서 표현의 기법을 하나하나 익혀나간다. 「은하철도 999」의 철이가 메텔을 따라 여행을 하면서 인생을 알아가는 과정과 같다고나 할까? 이 과정에서 글을 쓸 때 흔히 저지르기 쉬운 실수들에 대해서 반성하고 개선할 방법을 익힐 수 있다. '흑백논리를 어떻게 피하는지', '양비론은 왜 안 되는지', '올바른 국어 표현법은 무엇인지' 등이 소개된다.

책의 후반부에 가서는 비교적 실무적인 얘기들로 채웠다. 앞부분이 콩트 형식으로 구성되어있어, 자칫하면 재미는 있는데 남는 것은 없다고 느낄 수 있어서다. 당장 대학원 등에서 겪어야 할 실험 보고서, 연구 계획서 쓰기를 비롯해 논문 작성법 등도 비교적 쉽게 다뤘다. 특히 '표절'과 '인용'에 대한 내용을 소개하면서 흔히 이공계 실험실에서 발생하는, 그래서 너무나 일상적으로 행해지는 내용 베끼기에 대해서 일침도 가했다. 이와 함께 이공계 직장인을 위해서 연구 제안서 쓰기, 프레젠테이션 등에 대해서도 설명했다. 또한 유명한 과학기술자가 된 뒤에 대중 강연을 어떻게 할 것인지, 기자를 만나서 어떻게 이야기해야 하는지 등도 별도의 장으로 다루었다.

이 책의 내용은 대체로 저자들의 경험에서 나왔다. 저자 대부분은 학부에서 이공계 학문을 전공했고, 대학원 이후에 사회과학으로 전향

한 사람들이다. 또 일부는 순전히 인문학적 토양에서 공부했지만 과학자와 기술자를 10년 동안 취재하면서 과학기술자 사회가 갖고 있는 소통의 문제를 몸소 체험한 사람들이다. 이런 경험을 통해 기존에 나온 수많은 이공계 책들과 중복되지 않으면서도 실생활에서 바로 활용할 수 있는 소재를 중심으로 구성했다. 이 책과 기존의 교과서들을 같이 보면서 활용하면 달인의 경지에 보다 쉽게 다가갈 것이라고 확신한다.

저자들도 글을 써서 생계를 유지하고 있지만, 역시 한계를 많이 느끼는 사람들이다. 책에는 오류가 있을 수도 있다. 정통 국문학자, 소설가 등이 보기에는 우리가 말하는 글쓰기 비법이란 게 한참 못 미칠 수도 있다. 그러한 과오들은 전적으로 필자들의 책임이다. 만일 책을 다 읽고 나서 "나도 두 달이면 이런 책쯤은 쓰겠네"라고 생각하게 된다면, 필자들은 소임을 다한 것이다. 요컨대, 이 책은 어쩌면 과학기술자들에게 욕을 먹기 위해서 쓴 것일지도 모른다. 독자가 세련된 언어로 저자들을 탓하면서 이 책을 더 이상 손 안에 두지 않아도 되는 그날을 위해!

2010년 3월
저자들 씀

. 추천의 글 .

좋은 글은 할아버지의 옛날이야기다 _이규연 중앙일보 기자

20년이 훨씬 지난 일이다. 종합일간지의 취재 기자로 막 입사했을 때, 나는 글쓰기 훈련이 거의 안 된 상태였다. 200자 원고지로 두 쪽 안팎의 짧은 기사도 깔끔하게 정리해낼 수 없었다. "너는 어떻게 된 게 단신 기사도 엉성하냐?" 선배들로부터 '구박'을 받는 날들이 이어졌다. 학교 다닐 때는 제법 글 좀 쓴다고 자부했는데, 그게 아니었다. 한 달쯤 지날 무렵이었던가, 나는 입사 동기 중에서도 '미운 오리 새끼'가 되어 있었다. 적어도 글쓰기 면에서는 그랬다. 자신감이 없어지자 글은 더 난수표처럼 꼬여갔다.

비장한 결심 없이는 안 될 것 같았다. 굴욕의 굴레에서 벗어나지 못하면 당당한 신문기자로 성장할 리 만무했다. 결국 매일 새벽까지 편집국에 혼자 남아 글쓰기 연습을 하는 초강수를 택했다. 그날그날 신문에 나온 기사 중 똘똘한 놈들을 찾아내 몇 번이고 베껴 쓰기를 되풀이했다. 그렇게 두 달이 흘렀다. "이제 기사 꼴이 조금 나오네." 선배들의 목소리가 조금은 부드러워졌다. 그리고 여섯 달이 지났을 때, 드디어 반응이 나오기 시작했다. "너, 제법 글재주가 있네."

과연 재주였을까. 아무래도 그건 아닐 것이다. 하루에 서너 시간밖에 못 자고 반년을 버틴 깡다구의 성과물이었다. 이후 데스크와 에디터, 칼럼니스트를 거치면서 적어도 글 못 쓴다는 평은 듣지 않았다. '글은 연습이자 노동이다.' 글쓰기에 대한 내 개똥철학은 이렇게 만들어졌다.

물론 세상에는 특별한 사람들이 있다. 어떤 이는 선천적으로 머리가 잘 돌아가고, 또 어떤 이는 훈련받지 않고도 달변을 쏟아낸다. 마찬가지로 문재를 갖고 태어난 이들도 있다. 다행스러운 사실은 이런 사람들이 아주 극소수라는 점이다. 대부분은 꾸준히 연습하면 "제법 글을 쓴다"는 소리를 들을 수 있다. 그렇다고 글쓰기가 무작정 힘만 쓰고 시간만 들인다고 해서 될 리는 없다. 나름대로의 요령이 필요하다. 요령 1. 단시간에 집중적으로 연습하라. 같은 100시간이라도 1년보다는 한 달 안에 쏟아 붓는 게 좋다. 요령 2. 교재를 잘 골라라. 우수 기사를 몇 번이고 베껴 썼듯이, 글쓰기의 세계로 안내할 좋은 교재를 스승으로 삼아야 한다.

한 가지 의문이 남을 것이다. "그렇다면 어떤 게 좋은 교재인가?" 내 철학은 이렇다. '손자 앞에 앉은 할아버지' 같은 책이 좋다. "옛날, 옛날에 호랑이가 살았는데" 하는 것처럼 친절하고 부드럽게 글의 세계로 인도할 수 있어야 한다. 특히 이공계 출신자의 글은 딱딱하고 어렵다는 평가를 받기 십상이다. 학문 분야의 특징과 글쓰기에 대한 경험 부족이 상승 작용을 일으킨 결과다. 대중적인 글을 쓸 요량이면 어느새 머리와 손끝이 동시에 굳어온다. 이를 부드럽게 풀어줄 스승이 필요한 것이다.

이런 면에서 이 책은 대중 글쓰기에 공포심을 갖고 있는 이공계 출신자에게 적합한 교재라고 하겠다. 주변에서 접하는 상황을 스토리로 엮어가며 글쓰기의 세계로 빠져들게 하기 때문이다. 할아버지가 손사에게 옛날이야기를 들려주듯이 말이다.

차례

들어가는 글 | 이공계여, 표현의 날개를 달아라 _005
추천의 글 | 좋은 글은 할아버지의 옛날이야기다 · 이규연 중앙일보 기자 _011
등장인물 _019

제1부 | 이공계 글쓰기 기본 지식

SC화장품 홍보팀 커뮤니케이션 현장 _023
외계어 같은 설명에 멍해진 팀원들 | 전대리, 자존심에 금이 가다
- 팁 이공계 출신 커뮤니케이션 전략 1 – 대인 커뮤니케이션의 기본은 '상대와의 소통'이다 _033

커뮤니케이션에 대한 오해를 풀어라 _034
파노라마처럼 떠오르는 국문학과 수업 시간
- 팁 이공계 출신 커뮤니케이션 전략 2 – 인간은 언어를 통해서만 인간다울 수 있다 _036
- 팁 이공계 출신 커뮤니케이션 전략 3 – 상대와 내가 다른 말을 쓸 수 있다는 것을 인식하라 _048

이공계 커뮤니케이션의 특징 – 까칠함 _050
이해할 수 없는 연구 주제 | 커뮤니케이션의 의미 | 아인슈타인의 어록
- 팁 이공계 출신 커뮤니케이션 전략 4 – 까칠함을 벗어라 _059

전이공, 본격적인 커뮤니케이션에 대한 탐구 _061
자신만의 전문 분야에서 시작하라 | 첫째, 한눈에 들어오도록 정리하기 | 둘째, 백문이 불여일견 – 그림으로 승부
- 팁 이공계 출신 커뮤니케이션 전략 5 – 일방적 전달은 대화가 아니다 _067
- 팁 이공계 출신 커뮤니케이션 전략 6 – 자신의 장점을 살려라 _077

전 대리의 변화 _079
보기 좋은 자료가 전부는 아니다 | 자료 정리는 언제나 표 대리의 몫 | 비유와 상징을 이용하라 | 악순환의 반복

> **팁** 이공계 출신 커뮤니케이션 전략 7 – Encoding, Decoding & Interpreting _099

인터넷 시대의 커뮤니케이션, 글쓰기의 시작 _100
거룩할 필요는 없다, 소소할수록 읽힌다

> **팁** 이공계생을 위한 글쓰기 팁 1 – 사건이 아니라 생각을 써라 _104
> **팁** 이공계생을 위한 글쓰기 팁 2 – 중량감을 덜어내라 _112
> **팁** 이공계생을 위한 글쓰기 팁 3 – 글은 말과 형제이다 _115

가제목 달기 – 핵심 단어를 잡아보자 _116

> **팁** 이공계생을 위한 글쓰기 팁 4 – 가제목을 잡아라 _123

사공이 많으면 배가 산으로 간다 _125
우리 편 아니면 전부 나쁜 놈? | 흑백논리에 빠진 전 대리 | 세상에는 '좋은 놈'과 '나쁜 놈' 뿐일까? | 사물의 다양한 측면을 보자

> **팁** 이공계생을 위한 글쓰기 팁 5 – 쓰고 싶다면, 먼저 읽어라! _128
> **팁** 이공계생을 위한 글쓰기 팁 6 – 흑백논리를 피할 수 있는 방법, 易地思之 _146

박쥐는 어느 편으로부터도 환영받지 못한다 _147
전이공의 인터넷 필화 사건

> **팁** 이공계생을 위한 글쓰기 팁 7 – 양비론이나 양시론은 가능하면 피할 것 _155

2퍼센트를 채우기 위한 팁 _156
다양한 용어로 내용을 풍부하게 | 영어식 표현은 머리가 아파 | 오타는 글의 치명타가 된다 | 외래어 표기법은 정해진 규칙대로

> **팁** 이공계생을 위한 글쓰기 팁 8 – 신문 기사에서 서술어 하루에 세 개씩 찾아보기 _159
> **팁** 이공계생을 위한 글쓰기 팁 9 – 수동태는 피하는 것이 좋다 _162
> **팁** 이공계생을 위한 글쓰기 팁 10 – 교정은 옵션이 아니라 기본이다! _167
> **팁** 이공계생을 위한 글쓰기 팁 11 – 국립국어원, 한글사랑 등을 최대한 활용하자 _169

제2부 | 글쓰기 응용편

실험 보고서, 어떻게 써야 할까? _173
- 팁 실험노트 쓰기 _180

머릿속에 그리는 밑그림, 연구 계획서 쓰기 _182
- 팁 연구 계획서란? _184
- 팁 연구 계획서 작성하기 _189

논문 작성시 고려해야 할 사항들 _193
표현의 포인트는 익숙함
- 팁 논문 쓰기 초안 _199

논문 쓰기의 실제, 인용과 표절 사이에서 _201
표절이란 무엇인가
- 팁 논문의 실제: 내용과 형식 모두 신경 써야 한다 _205
- 팁 인용의 원칙 _207

연구 제안서, 핵심을 찔러라 _211
연구 과제 공모전 준비 | 형식에 맞춰라
- 팁 연구 제안서 쓰기 _216

논문, 제안서, 발표문은 뭐가 다르지? _219
독자가 다르다 | 목적에 따라 다르다 | 형식에 대해서 생각하라 | 트랜스포머가 되어라! | 보고서는 상사를 위해 쓰는 것이다
- 팁 독자의 눈높이에 맞춰라 _221
- 팁 글의 용도가 무엇인가? _223
- 팁 물은 그릇에 따라 모양이 바뀐다 _225
- 팁 보고서 쓰기 _230
- 팁 보고서 작성의 실재 _236

효과적인 프레젠테이션 기법 – 상대의 가려운 곳을 긁어줘라! _ 238
유머 센스도 때와 장소를 가려라
- 팁 효과적인 프레젠테이션을 위한 요소들 _ 244

전달력을 높이기 위한 몇 가지 기술 _ 246
- 팁 전달력을 높이기 위한 방법들 _ 252

과학자와 기자 사이의 효과적인 커뮤니케이션 방법 _ 256
- 팁 갑작스런 기자와의 인터뷰 어떻게 할까? _ 262
- 팁 과학 기사 이해하기 _ 268

유사하면서도 다른 글쓰기와 말하기: 대중 강연 _ 269
- 팁 효과적인 대중 강연을 위한 준비 1 _ 273
- 팁 효과적인 대중 강연을 위한 준비 2 _ 282
- 팁 효과적인 대중 강연을 위한 준비 3 _ 284

인간을 인간답게 하는 '커뮤니케이션' _ 286
- 팁 이공계 글쓰기: 두드려라, 그러면 열릴 것이다 _ 290

. 등장인물 .

표현정(35세)

SC화장품 마케팅부 팀장. 이공계 출신답게 문제 분석력과 논리적 사고력이 좋다. 대학원에서 화학을 전공하고 제품개발 연구원으로 일하다가 사내 직급 재배치로 마케팅부로 자리를 옮겼다. 연구원 출신인 까닭에 제품의 성분과 합성 과정에 대해서도 잘 알고 있으며, 뛰어난 언변과 문장력, 설득과 표현에 능한 쇼맨십 기질을 지녀 최연소 팀장 자리에 올랐다.

전이공(32세)

SC화장품 마케팅부 대리. 역시 이공계 출신이며 표현정과는 고교·대학 동문이자 같은 대학원 출신에 회사마저 같아 질긴 인연을 맺고 있다. 분석력과 논리적 사고능력 및 지적 수준은 표현정에 못지않으나, 연구실에서 마케팅부로 옮긴 지 얼마 되지 않아 비전공자들과의 커뮤니케이션에 애를 먹고 있다.

제 1 부

이공계 글쓰기 기본 지식

SC화장품
홍보팀 커뮤니케이션
현장

"자, 회의 시작합시다. 알다시피 우리 회사의 최고가 라인에서 새로 내놓는 주름개선 크림 '다림고'의 론칭 날짜가 얼마 남지 않아서 홍보 전략을 보완해야 합니다. 지난번에 제시한 것 외에 추가 전략을 세워오라고 했는데, 다들 가지고 오셨습니까?"

여기는 SC화장품 홍보실의 제품홍보 전담팀. 팀장인 표현정이 팀원들을 둘러보며 말을 꺼냈다. 슬쩍 눈을 들어 살펴보니 몇몇 직원은 황급히 그녀의 눈길을 피한다. 마치 학창 시절, 칠판 앞에 나와서 문제 풀 사람을 고르는 선생님의 눈길을 피하듯이 말이다. 표 팀장은 가볍게 한숨을 몰아쉬고 한 사람을 불렀다.

"전이공 대리, 제가 어제 다림고에 들어갈 새로운 성분들에 대해서 알아보라고 했는데, 다른 분들에게 설명 좀 해주시죠."

"아, 예. 여기 있습니다. 이번 제품은 고가의 기능성 화장품이니 아무래도 전문적으로 접근하는 게 어떨까 싶습니다. 에이징age, UVultra-violet 등의 피부 자극 요소들은 스킨 셀skin cell의 대부분을 차지하는 파이브로블라스트fibroblast의 사멸을 가져오고, 피부 속의 collagen과 elastin을 파괴시켜 주름의 원인이 됩니다. 기존에 안티-링클anti-wrinkle 제품에 주로 사용되었던 레티놀retinol은 산소와의 접촉을 차단하기 위해 캡슐레이션capulation시켜야 했고, 그럼에도 불구하고 옥시데이션oxidation이 쉽게 일어나 로스loss가 많았지요.

그런데 이번에 성분개발팀에서 HTSHigh throughout screening를 통해 찾아낸 X 성분은 아주 스테이블stable해서 굳이 캡슐 처리하지 않고도 장기 보존이 가능한 것이 장점입니다. 그러면서도 스킨 배리어skin barrier를 통과해 파이블로블라스트에 도달하는 레이트rate도 높고, UV에 의해 유도되는 에이포토시스apoptosis도 다운시키는 기능이 있었습니다.

신약연구팀에서 임상실험한 결과에 의하면, 레티놀에 비해 전달율은 19.8퍼센트, 주름 개선율은 9.78퍼센트 높게 나왔습니다. effect 면에서는 레티놀을 능가하는 데다, X는 기존에 우리 회사에서 사용하던 Panax Ginseng에서 추출한 내추럴 프로덕트Natural product와 그

structure뿐 아니라 이펙트도 비슷해 고가의 내추럴 프로덕트를 대치할 수 있는 물질입니다. 이를 바탕으로 홍보 문구를 짜보는 게 어떨까요?"

외계어 같은 설명에 멍해진 팀원들

전 대리는 어젯밤에 준비해온 자료들을 바탕으로 자랑스럽게 말을 이어갔지만 팀원들은 어리둥절한 표정으로 그를 멀뚱히 바라보기만 했나. 연구원 출신이 아니라, 애초에 홍보부 팀원으로 직장생활을 시작한 이들에게 전 대리의 말은 마치 외계어처럼 들렸기 때문이다. 단체로 멍해진 팀원들을 대신해 표 팀장이 입을 열었다.

"자료 조사 꼼꼼히 잘했네요. 그런데 이 결과들을 가지고 광고 카피를 만든다면 어떻게 해야 할까요?"

"그게… 그러니까…"

전 대리는 말을 더듬기 시작했다. 제품의 화학적 특성을 설명할 때 자신 있어 하던 모습과는 영 딴판이었다.

"레티놀 성분에 비해서 9퍼센트 이상 높아진 주름 제거 효과, 인삼의 자연 성분을 대치할 새로운 물질, X가 당신의 주름을 펴드립니다…. 이 정도면 될까요?"

"그건 너무 평범한 것 같은데요. 다른 분들 의견 없습니까?"

표 팀장이 나섰지만, 회의장은 잠잠했다. 다른 직원들은 아직까지도 전 대리의 말이 이해가 되질 않아서 함부로 말을 꺼내지 못하고 있었던 것이다. 표 팀장은 반응이 없자 자신이 설명하기 시작했다.

"그러니까 전 대리의 말은, 고가의 기능성 화장품을 사용하는 대상이면 어느 정도 전문적인 정보를 원할 테니, 단순히 고급스러운 이미지보다는 정확한 성분과 효능에 집중하자는 것입니다. 주름살과 같은 피부 노화는 주로 나이와 자외선에 의한 자극으로 피부세포들이 죽어서 탈락되거나, 콜라겐과 엘라스틴 같은 피부 조직들이 파괴되어서 일어나는 현상입니다. 피부세포는 마치 벽돌처럼 차곡차곡 쌓여 있는데, 벽돌이 무너지면 집 전체가 무너지는 것처럼, 피부세포들이 파괴되면 이것은 곧 피부 주름과 노화로 이어지게 되는 거죠.

따라서 전 대리의 말은 '다림고'에 든 새로운 성분 X가 그 피부세포들을 건강하고 탄력 있게 유지시켜준다는 데 주목하자는 겁니다. 기존에 주름제거 크림에 많이 쓰이는 레티놀 성분은 산소와 쉽게 반응해서 아무리 복잡한 코팅 과정을 거쳐도 오래 보관할 수 없었습니다. 마치 병뚜껑을 따놓으면 콜라의 김이 빠져서 더 이상 톡 쏘는 맛이 나지 않는 것처럼 말이죠.

그런데 우리 회사에서 이번에 새로 개발한 효능 물질인 X는 안정적이어서 오래 보관해도 파괴되지 않는 데다, 레티놀에 비해서도 개선

된 주름방지 효과를 지니고 있습니다. 임상실험에서 10퍼센트 정도 효능이 향상된 것으로 나타났습니다. 기존 제품 대비 10퍼센트면 별거 아닌 것처럼 보일 수 있지만, 아무것도 바르지 않았을 때와 비교하면 놀라울 정도의 효능이라고 할 수 있습니다. 게다가 X는 고려 인삼에서 추출한 주름제거 기능을 지닌 물질과 화학적 구조가 거의 유사해서, 효능이 고가의 인삼 추출물과 같다고 선전해도 괜찮다는 것인데, 이래도 의견 없으십니까?"

표 팀상이 내용을 정리해서 다시 한번 설명해주자 팀원들 얼굴이 좀 밝아졌다.

"팀장님, 그럼 이렇게 하는 건 어떨까요? '명약 중의 명약, 진시황도 부러워했던 고려 인삼에서 찾은 기적의 물질 X가 당신에게 영원한 젊음을 선사해줍니다' 라고 하는 건요?"

"CF는 이렇게 접근하는 것이 좋겠습니다. 피부의 세포들을 벽돌로 바꿔서, 벽돌이 무너지면 집이 무너지는 것처럼, 피부세포들이 상처를 입으면 주름이 생겨서 젊음이 무너진다고 시각적으로 연결시키는 겁니다."

갑자기 회의가 활기를 찾은 느낌이었다.

과학저널리즘을 연구하는 학자들의 조사에 따르면, 현대 과학이 대중과 괴리되는 이유 중 하나는 '언어'의 문제라고 한다. 1920년대에는 일상생활에서 쓰는 단어들이 논문에 그대로 쓰여 일반 독자들도 논문을 읽는 데 큰 어려움이 없었지만, 2000년대의 논문들을 보면 거기 담겨 있는 단어들은 일반인이 보기에는 외계어에 가까울 정도로 난해해졌다. 이러한 언어의 괴리는 과학과 과학자를 대중에게 안드로메다처럼 멀리 여기게 만들고 있다.

전 대리, 자존심에 금이 가다

"자, 이공아. 커피 한잔 해라."

회의가 끝난 뒤 표 팀장은 전 대리만 따로 불러서 커피를 권했다. 일단 주는 커피는 받았지만 전 대리는 기분이 씁쓸했다. 열심히 자료를 준비했는데도 결국 이번 홍보 콘셉트는 김 과장의 발언으로 모아졌기 때문이다. 재주는 곰이 부리고 돈은 주인이 챙긴다고, 자신의 공은 하나도 인정받지 못한 분위기여서 기분이 나빴던 것이다.

"오늘 기분 상했지? 하지만 나도 어쩔 수 없었어. 네가 조사해온 자료가 바탕이 되긴 했지만, 김 과장의 콘셉트가 훨씬 쉽고 고객들에게 잘 먹힐 것 같았으니까."

전 대리는 말없이 커피만 홀짝였다. 그러고 보니 때리는 시어머니보다 말리는 시누이가 더 밉다고 자신이 조사해온 결과를 홀랑 가로챈 김 과장보다 오히려 그런 김 과장을 두고 본 표 팀장이 더 야속했다.

"선배, 그러는 거 아닙니다. 선배랑 나랑 하루 이틀 아는 사이도 아닌데, 좀 섭섭하네요. 실컷 자료 조사 시킬 때는 언제고."

사실 전이공과 표현정은 십수 년 동안 알아온 사이였다. 전이공에게 표현정은 대학 선배이자 조교였다. 같은 대학 같은 과 출신인 데다 표현정이 대학원에서 조교로 있을 때 이공은 그 반 학생이기도 했다. 처음에 이공이 이 회사에 들어올 때 추천서를 써준 사람도 표현정이었고, 연구소에서 근무하던 전이공이 홍보팀으로 자리를 옮기게 된 데에도 그녀의 역할이 컸기에 전 대리는 은연중 그녀에게 기대고 있었던 것이다. 하지만 표현정은 후배가 자신의 팀에 들어온 후 오히려 거리를 두고 있었다.

전 대리는 약간 후회하는 마음이 들었다. 이럴 줄 알았으면 그냥 연구소에 있는 건데, 새로운 일을 하고 싶어서 홍보부로 지원했던 것이 잘못이었다. 연구소가 답답하기도 했고, 같은 과 출신인 표현정도 승승장구하고 있으니 자신도 뭔가 될 것 같아서 옮겼는데, 판단 오류였던 모양이다.

"난 너를 보면 좀 안타까워. 내가 널 우리 팀으로 끌어들인 건 네 능력을 믿었기 때문이야. 그런데 그걸 전혀 발휘하지 못하고 있어."

전 대리는 고개를 들어 표 팀장을 바라보았다.

"그게 무슨 말이에요, 선배?"

"네가 연구원 출신이라는 것은 누구나 다 알아. 그래서 사람들은 너한테 온갖 미사여구로 점철된 캐치프레이즈나 홍보 문구까진 바라지 않을 거란 말이지. 다만 너한테 원하는 건 제품의 개발 과정이라든지 유효 성분의 특성, 구조나 제형, 경쟁사들의 연구개발 동향 등 여기 본사 사무실 사람들이 쉽게 알 수 없는 것들이야. 그걸 사람들에게 전달해주는 것만으로도 네가 할 일은 충분히 한다고 생각해. 그런데 너한테는 바로 그 '전달하는 능력'이 부족해."

파르르 불똥 튀는 성격의 소유자인 전 대리는 순간 표 팀장의 말에 발끈했다.

"능력이 부족하다고는 생각하지 않는데요. 제가 누구보다도 꼼꼼하게 자료 수집하고 최신 동향도 매일매일 체크한다는 거 아시잖아요."

"알아. 네가 열심히 하는 거. 그런데 문제는 그 '열심히'가 다른 사람들에게는 전해지지 않는다는 거야. 아까 회의 시간 때도 봐. 여긴 연구소가 아니야. 여기서 생물학이나 화학 전공한 사람은 아무도 없어. 그런데 그런 식으로 연구소 PL(프로젝트 리더, 일종의 팀장)에게 하는 식으로 얘기하면 아무도 못 알아들어. 아까도 말했지만, 내가 지적한 건 전반적인 네 '능력'이 아니라 '전달하는 능력'이야. 네가 좀더 알기 쉽게 풀어서 설명해야 한다는 거지. 그럼 팀원들이 지금처럼 전공과목도 아닌 전문 자료 조사하느라 진을 빼거나, 혹은 잘못 이해해서 효능을 과대, 과장하거나 건너뛰는 실수를 줄일 수 있을 거야. 그런 경우에는 내가 네 공을 인정하고 고과에 반영해도 다른 사람들도 인정할 거야. 하지만 지금처럼 계속된다면 너한테 좋은 평가를 내릴 수가 없어. 여긴 연구소가 아니야. 너한테 지금 필요한 건 커뮤니케이션에 대한 이해야."

"커뮤니케이션에 대한 이해라고요?"

"그래, 너한테는 커뮤니케이션에 대한 기본적인 이해가 빠져 있어. 그걸 이해하고, 너만의 장점을 살린 커뮤니케이션 기법을 개발해내는 것, 그게 네가 앞으로 풀어야 할 숙제야."

이공계 출신 커뮤니케이션 전략 1
대인 커뮤니케이션의 기본은 '상대와의 소통'이다

인간은 사회적 동물이다. 사회를 이루지 않고는, 즉 타인과 접하지 않고는 살아갈 수 없다는 얘기다. 그런 까닭에 좋든 싫든 사람과 부대껴야 하고, 여기서 바로 커뮤니케이션의 중요성이 생겨나게 되었다.

커뮤니케이션이란 기호를 통해 정보와 의미를 전달하는 일종의 상호 과정이다. 마음속으로 혼자서 생각하는 것도 자신과의 소통이라고 볼 수 있지만, 대부분의 커뮤니케이션은 타인과의 관계에서 일어난다. 타인들끼리의 소통을 '대인 커뮤니케이션'이라고 하는데, 여기에는 반드시 송신자와 수신자, 즉 말하는 사람과 듣는 사람이 존재한다. 즉, 대인 커뮤니케이션은 'A라는 사람이 가지고 있는 정보나 의미를 B라는 타인에게 전달하는 과정'이다. 보통 인터넷 쇼핑을 한 뒤, 판매자가 물건을 보냈음을 택배 송장번호로 증명했다고 만족하는 고객은 없다. 고객은 주문한 물품이 아무런 이상 없이 자신에게 전달되어야만 만족한다. 마찬가지로 커뮤니케이션에 있어서 단지 정보가 발화되었다는 것, 즉 '말을 했다는 것'만이 전부는 아니다. 정보가 발화되었다는 것은 커뮤니케이션에 있어서 필요조건일 뿐 충분조건은 아니다. 커뮤니케이션에서 필요충분조건이 모두 충족되기 위해서는 말을 하는 것만이 아닌 '말에 담긴 정보와 의미를 제대로 전달하는 것'이 중요하다. 결국 커뮤니케이션이란 상호 이해를 바탕으로 하는 것이다.

처음 커뮤니케이션이란 말을 만들어낸 사람도 이를 알고 있었던 듯하다. 이 단어의 어원이 라틴어의 '나누다'를 의미하는 'communicare'에서 왔기 때문이다. 어원 자체가 보여주듯 결코 일방적인 정보 발화가 아닌 것이다.

커뮤니케이션에
대한
오해를 풀어라

'그래, 너한테는 커뮤니케이션에 대한 기본적인 이해가 빠져 있어. 그걸 이해하고 너만의 장점을 살린 커뮤니케이션 기법을 개발해내는 것, 그게 앞으로 풀어야 할 너의 숙제야.'

그날 이후, 전 대리의 머릿속에는 표 팀장의 마지막 두 마디 말이 계속 맴돌았다.

'커뮤니케이션에 대한 이해라…'

지금까지 전 대리는 커뮤니케이션의 중요성에 대해 한 번도 생각해본 적이 없었다. 커뮤니케이션이란 그에게 그저 '말하는 것' 이었다. 물론 그 역시 대화하면서 언제나 상대의 말을 다 이해할 수 있었던 것은 아니다. 하지만 이해가 안 되면 그저 그 상태로 받아들일 뿐이었다.

못 알아듣는 것은 전적으로 개인의 책임이라 여겼다.

'무식해서 못 알아듣는 걸 나한테 어쩌라는 거야?'

그날 아침도 이런 생각을 하며 사무실로 들어서던 그는 누군가와 부딪쳤다.

"이런, 죄송합니다."

순간적으로 깜짝 놀라 고개를 숙여 인사했다.

"괜찮아요, 전 대리님."

"아, 아름씨였구나. 미안해, 내가 뭘 좀 생각하다가 미처 신경을 못 썼네. 어디 다치진 않았어?"

"살짝 부딪친 건데요, 뭘. 괜찮아요. 그런데 요즘 전 대리님 무슨 일 있어요?"

"왜? 내가 이상해 보여?"

"아니, 그런 건 아닌데… 뭐랄까. 맘이 콩밭에 가 있는 사람 같아서요. 뭐 물어보려고 해도 두 번씩 불러야 하고, 계속 딴생각 하시는 것 같아요."

'내가 그랬었나?'

송아름의 말을 듣고서야 전 대리는 지난번 표 팀장의 말에 자신이 얼마나 신경 쓰고 있었는지 깨달았다. 송아름은 활달한 성격과 아름다운 외모의 소유자라 팀의 분위기 메이커였다. 처음 그녀가 입사했을 때

같은 팀의 미혼남들은 모두 그녀에게 눈독을 들였다. 더욱이 전 대리와는 같은 대학 동문이었다. 특히나 이공은 더했다. 그는 송아름을 한눈에 알아보았고, '운명'이라 생각했다. 이공계 출신인 전 대리가 문과대 출신인 송아름을 알고 있는 것은 그가 군 제대 후 복학생 '아저씨'가 됐을 때 교양과목을 수강하면서 아름을 보고 첫눈에 반했기 때문이었다. 송아름은 당시 1학년 신입생이었다. 전 대리는 주변을 수소문해 그의 이름과 학과를 알아낸 후, 그다음 학기에 생전 처음으로 국문학과 과목을 수강하기까지 했다. 그가 흥미도 관심도 없는 국문학과 수업을 신청했던 것은 오로지 송아름 때문이었다. 결론적으로는 그 행동이 그녀에게 자신을 어필하는 데 전혀 도움이 되지 않았지만…. 전 대리가 표 팀장의 추천으로 지금의 팀으로 와서 가장 놀란 것이 실은 송아름이 같은 팀에 있다는 사실이었다. 물론 송아름은 자신을 기억조차 못 하는 것 같아서 못내 아쉽긴 했지만 말이다.

"그러고 보니 요즘 내가 약간 그랬나보네. 말이 나와서 말인데, 아름씨 지금 시간 돼?"

"네? 무슨 일인데요?"

"아니 그냥… 아름씨라면 정확하게 말해줄 거 같아서 뭐 하나 물어보려고. 커피 한잔 할까?"

"지금 시간이 좀… 오래 걸리는 이야기인가요?"

"아니 그건 아니고, 간단한 거야. 대신 정말 솔직하게 얘기해줘야 해. 사실 난 요즘 내가 커뮤니케이션 능력이 떨어지는 건 아닌지 의심이 들거든. 솔직해 얘기해줘, 아름씨. 회의 시간에 내가 발표하는 자료 이해하기 힘들어?"

송아름은 약간 망설이더니 말을 이었다.

"솔직히 말하라고 하시니까…. 정말로 솔직히 말하면요, 저는 전 대리님 말을 반도 못 알아들을 때가 많아요. 그런데 그건 회의 시간뿐만 아니라, 사실 예전에 대학 다닐 때 전 대리님이 저랑 같은 수업 들을 때부터 지금까지 계속 그랬어요."

"그, 그랬어?"

전 대리는 그녀의 뜻밖의 말에 당황했다. 더군다나 몰래 좋은 감정을 갖고 있는 송아름한테서 그런 말을 듣다니, 그 충격은 표 팀장이 말할 때와는 비교도 되지 않았다.

'정말 그랬던 거야? 반도 못 알아듣는다니, 그것도 예전부터 지금까지 쭉…. 내가 무슨 외계어라도 한다는 소리야? 정말로 내가 그렇게 이상한 거야?'

이공계 출신 커뮤니케이션 전략 2
인간은 언어를 통해서만 인간다울 수 있다

언젠가 인간들이 오만함에 빠져 주제 파악을 하지 못하고 신에게 대항하려 했을 때의 이야기다. 인간들은 하늘 위에 존재하는 신의 권위에 도전해 하늘에 닿는 높은 탑을 쌓으려 했다. 한 층 한 층 탑이 높아갈수록 인간의 자만심과 건방짐도 하늘을 찌를 듯 높아졌다. 처음에는 그저 치기어린 장난쯤으로 여겼던 신도, 인간이 이토록 오만방자하게 굴자 더 이상 참지 못했다. 신의 노여움은 인간에게는 징벌로 이어진다. 신의 징벌은 항상 무시무시하고 가혹했다. 신은 천둥번개로 인간을 불태우거나, 엄청난 홍수로 세상을 물에 잠기게 할 수 있었다.

하지만 이번에 신은 매우 독특한 방식으로 인간을 벌주었다. 그 벌이란 바로 인간들이 서로 다른 말을 쓰게 하는 것이었다. 높은 탑을 쌓아 신의 권위에 도전하고자 했던 인간에게 내린 벌 치고는 조금 싱거울 정도였다. 말이 달라진다고 해서 병이 나는 것도 아니고, 탑을 쌓는 기술을 잃는 것도 아니니까.

하지만 이 징벌의 효과는 신속하게 나타났다. 말이 달라지자 인간들의 탑 쌓기는 금세 중단되었다. 탑을 쌓는 일은 한 사람이 할 수 없고 여럿이 힘을 합쳐야 했는데, 말이 통하지 않자 협동 작업이 불가능해졌기 때문이다. 이렇게 차질이 빚어지자 인간들은 상대가 알아듣지도 못하는 말로 실컷 욕을 하며 싸우다가는 결국 성을 내며 뿔뿔이 흩어지고 말았다. 그렇게 하늘에 닿을 듯한 위용을 자랑하던 바벨탑은 인간의 말이 달라졌다는 이유 하나로 영원히 미완성인 채 남게 된 것이다.

인간을 하나의 개체로만 보았을 때 인간의 힘은 사실상 보잘것없다. 인간은 코끼리만큼 무거운 짐을 들 수도 없고, 치타는 고사하고 사슴만큼도 빨리 달릴 수도 없다. 하지만 인간은 정교하고 정확한 언어를 구사할 수 있기 때문에, 이를 바탕으로 서로를 보완하여 더 큰일을 해낼 능력을 갖추고 있다. 아무리 힘센 코끼리라 해도 피라미드를 지을 수는 없지만, 인간은 모여서 이것을 이룩해냈다. 이는 인간이 지닌 힘을 언어라는 매개체를 통해 합할 수 있었기 때문이다. 따라서 언어의 소통이란 엄청난 힘을 지니고 있다. 커뮤니케이션 기술의 첫걸음은 바로 '소통'의 중요성을 인식하는 데서 시작된다.

파노라마처럼 떠오르는 국문학과 수업 시간

송아름과의 짧은 대화는 전이공을 더욱 혼돈 상태로 몰아갔다. 순간 전이공의 머릿속에는 몇 년 전, 송아름을 보기 위해 따라 들어갔던 국문학과의 수업 시간이 파노라마처럼 펼쳐졌다.

* * *

'인문계 애들은 수업을 이렇게 하는 거였어? 내 참, 대학 정말 놀러다니는구만.'

국문학과의 첫 수업을 마치고 그가 느낀 감상은 바로 이랬다. 그는 수업 시간 내내 너무나 지루했다. 아니 지루했다기보다는 이게 도대체 '학문'인가 하는 의구심마저 들었다. 그가 생각하는 학문이란 뭔가 실용적이고 새로우며 주어진 문제를 푸는 데 필요한 것들이었다. 가령 자연 속에 숨어 있는 원리나 이치를 깨우치든가, 복잡한 공식들을 외우든가, 이도저도 아니면 뭔가 새로운 사실을 발견한다든가 해야 '배우는 맛'이 날 텐데, 인문학 과목은 전혀 이런 욕구를 충족시켜주지 못했다. 수백 년도 더 전에 쓰여진 텍스트를 가지고 공부하는 것만 해도 시대에 뒤떨어진다는 느낌에 조바심이 날 지경인데, 수업은 또 어떤가.

'도대체 저 교수님은 왜 판서를 하지 않는 걸까? 도대체 뭐가 중요한 건지 알 수가 있어야 말이지. 어어, 그리고 저 녀석은 교수님 말에

토를 다네. 질문을 하는 게 아니라 저렇게 교수님이 한 말을 가지고 건방지게 물고 늘어져도 되는 건가?'

그에게 인문학 수업이란, 수업 시간 내내 교수님은 칠판에 판서 하나 없이 말로만 풀어나가고, 학생들 역시 노트에 필기 한 줄 하는 법 없이 둘러앉아 교수님 의견에 꼬박꼬박 토를 달거나 자기네끼리 말싸움이나 하는 것처럼 보였다. 더군다나 전이공을 견딜 수 없게 만들었던 것은 그들의 진지함이었다. 도대체 하루가 다르게 변화하는 요즘 같은 세상에, 수백 년 전에 쓰여진 문학작품 속 인물들의 심리에 왜 그리도 진지하게 몰두해야 하는가. 모름지기 학문이란 새롭고 실용적이어야 한다는 생각이 머릿속에 뿌리박힌 전이공에게 이 모든 것은 쓸데없는 말장난 같았고, 좋게 봐줘도 시간 때우기용 언어유희로밖에 느껴지지 않았다.

더욱더 그를 황당하게 만들었던 것은 중간고사였다. 중간고사를 보겠다는 교수님의 말이 떨어지자마자 학생들은 굉장히 낙담한 듯한 표정을 지었다. 알고 보니 인문학 수업의 상당수가 중간고사는 리포트로 대체하고, 시험은 기말고사 때만 본다고 했다. 심지어는 중간·기말 모두 리포트로 대체하거나 따로 평가를 하지 않는 교수님들도 있었다. 중간·기말고사를 빼먹기는커녕 한 학기에 서너 차례 시험을 보는 과목이 허다하고, 매주 퀴즈를 봐서 점수를 합산하고, 일주일에 서너 개씩 실험 보고서 내는 것을 일상생활로 알고 살아왔던 전이공에게는 겨우 중간고사 본다고 한탄하는 인문계생들이 한심해 보였다.

'정말 인문계 애들은 4년을 놀고먹네. 그러면서 우리한테 만날 공돌이니, 단무지(단순무식하다의 준말)니 하고 놀렸단 말이지? 내 참, 어이가 없네.'

전이공은 결심했다. 이번 중간고사에서 이공계생의 진가를 보여주기로. 특히나 중간고사에서 좋은 성적을 얻게 되면, 아직은 1학년생인 송아름에게 기말고사 공부를 도와준다는 핑계로 은근슬쩍 접근할 수 있으리라. 이를 위해 그는 교재로 지정된『고전문학의 이해』라는 책에 나오는 각종 문학작품들의 제목과 작가, 간단한 내용을 시대 순으로 나열해 도표로 정리해서 외웠고, 학자들의 활동 연대라든지 작가의 주요 관심사, 비평 등도 표로 만들어 외웠다.

그리고 시작된 중간고사. 그는 '조선시대 시조문학의 전기와 후기의 시대적 흐름에 따른 변화에 대해 서술하시오' 라는 문제가 나오자 조선시대 시조들을 제목과 작가 순으로 짝을 지어 전기와 후기로 나누어 표를 그렸다. 그러고는 구분하기 쉽게 조선전기는 파란색 펜, 조선후기는 초록색 펜으로 각각의 특징을 표 빈칸에 채워넣었고, 시조작품 수의 변화와 여성 시조시인들의 증가 현상은 그래프로 예쁘게 그려서 답안지를 완성했다.

'흐흐… 아마 인문계 애들은 이렇게 깔끔하게 답안지를 정리하지 못했을 거야. 교수님이 보시고 놀라겠지?'

답안지를 내면서 이렇게 기분 좋은 적은 없었다. 문제도 쉬웠고, 답안도 깔끔하게 썼으니 학점은 보장된 터였다. 중간고사가 끝나고 며칠 뒤, 담당 교수님이 전이공을 따로 연구실로 불렀을 때까지만 하더라도 그의 기분엔 변함이 없었다.

'아마 지난번 시험 때문에 부르시는 거겠지. 그런 답안지를 처음 봤을 테니 놀랐을 거야. 어쩌면 4학년이니까 대학원에 진학하라고 할지도 몰라. 그럼 어떻게 거절해야 정중하게 보일까?'

이런 생각을 하면서 연구실로 찾아간 전이공에게 교수님은 난처한 표정으로 답안지를 내밀었다.

"이게 자네 답안지인가?"
"네, 그렇습니다."
"사실 내 수업에 이공계생이 들어온 적이 없어서 말이야. 이런 건 처음 받아보았네. 그런데…"

전이공은 자신만만한 얼굴로 교수님의 다음 말을 기다렸다.

"그런데 말일세, 자네가 시험공부를 열심히 했다는 건 알겠네만 난 이런 답안에 점수를 줄 수가 없다네."
"네엣? 점수를 주실 수 없다니요? 그게 무슨 말씀인가요?"

전이공은 너무 놀라 자신도 모르게 목소리가 커졌다.

"물론 자네가 쓴 답이 틀린 것은 아니네. 하지만 이건 이 과목에서 요구하는 형식이 아니야. 자, 이걸 보게나. 이게 지난 학기 같은 과목을 수강한 학생들이 낸 답안지야. 이 학생들 것을 보면 누구도 표나 그래프로 답을 제시하지 않았어. 전부 글로 풀어 썼지. 우리 과에서는 이런 식으로 답을 작성해야 하네. 명색이 국문학과 수업 아닌가. 그런데 여기서 수학적인 언어로 답을 하면 그게 맞다 해도 점수는 줄 수가 없네."

전이공은 충격에 빠졌다.

"제가 쓴 답이 틀린 건 아니라도 형식에 맞지 않아 점수를 주실 수가 없다고요?"

"그렇다네. 대신 내 자네에게는 특별 기회를 주겠네. 이건 이공계와 인문계의 커뮤니케이션의 차이로 인한 것이고, 자네에게 이렇게 답안지를 쓰라고 말해주지 않은 내 불찰도 있으니, 이번에는 그냥 넘어가겠어. 대신 자네가 다음 기말고사 때 낸 걸 가지고 중간고사 점수를 대체할 테니, 다음번에는 제대로 써서 내게나."

그날 전이공은 뒤통수를 맞은 듯했다. 보란 듯이 써냈던 답안지에 점수를 줄 수 없다는 교수님, 그것도 답이 틀린 게 아니라 답안지 작성 형식이 달라서 그렇다는 교수님을 그는 도무지 이해할 수 없었다.

그들 나름대로의 언어를 익혀야만 한다.

사진은 그림보다 실물을 더 정확히 복사해낼 수 있다. 그렇다고 사진이 그림보다 더 뛰어난가? 물론 실물을 그대로 재현한다는 점에서는 그럴 수 있겠지만, 그림은 그 나름의 언어로 표현하는 행위이기에 사진과는 다른 잣대로 판단되어야 한다. 즉, 각각을 표현하는 언어 혹은 기법은 다르므로, 서로를 이해하기 위해서는 상대가 사용하는 언어로 표현해야 한다.

"이래서 내가 문과생들을 싫어하는 거야. 아니 답만 맞으면 됐지, 형식이 뭐가 그리 중요해? 그리고 길 가는 사람 붙잡고 얘기해봐. 말로 주저리주저리 떠든 거하고 깔끔하게 표로 정리한 거하고 어떤 게 더 보기 좋고 이해가 잘되는지. 아마 백이면 백 다 내 답안지가 더 보기 좋다고 할걸? 그런데 도대체 점수를 줄 수 없다니 이게 말이나 되냐고!"

막상 교수님 앞에서는 너무 당황해 한마디도 못 하고 나온 터였지만, 전이공은 끓어오르는 화를 참지 못해 친구들을 불러 무작정 술자리로 끌고 가 하소연을 했다. 친구들은 저마다 그에게 위로의 말을 던지며, '수업다운 수업도 안 하면서 답안지나 트집 잡는 인문계의 말도 안 되는 형식주의'를 같이 씹어주었다.

"이판사판이야. 기말고사 때도 그냥 이렇게 써버릴 거야. 그때도 점수 안 주면 진짜 인터넷에 올리고 문과대가 얼마나 이상한지 동네방네 다 소문낼 거야!"

술김에 전이공은 이런 소리까지 했던 것으로 기억한다. 그로부터 세월이 꽤 흘렀건만 전이공은 아직도 그때 교수님의 행동이 부당했다는 생각을 지울 수가 없었다. 우여곡절 끝에 기말고사를 치렀지만―물론 술자리에서 큰 소리 친 것처럼 쓰지는 않았다. 치사해도 졸업하려면 어쩔 수 없다는 생각에 교수님이 요구한 대로 말로 풀어 썼지만, 그런 식으로 답안지를 쓰는 것에 익숙하지 않았던 전이공에게는 매우 힘든 일이었다. 결국 학점은 C였고, 전이공은 그저 그 과목을 이수했다는 사실 자체에만 의의를 두기로 했다―졸업한 뒤에 전공을 살려 대학원에 진학하고 취직한 전이공은 그후로 인문계 출신들과 부딪칠 일이 없었기에 그 일은 한갓 해프닝으로 잊어버린 뒤였다.

그런데 오늘 막상 송아름의 말을 들으니 정말 자신에게 문제가 있는 건 아닌가 의구심이 들기 시작했다.

'정말 내가 그렇게 커뮤니케이션 능력이 떨어지는 걸까?'

여기까지 생각이 미친 전이공은 본격적으로 자신의 과거를 돌아보기 시작했다.

이공계 출신 커뮤니케이션 전략 3
상대와 내가 다른 말을 쓸 수 있다는 것을 인식하라

전이공의 이번 에피소드는 실제 필자가 학창 시절 겪었던 경험담이다. 개인적인 관심이 있어서 들었던 문과 교양과목에서 교수님이 나를 불러 이런 지적을 했던 것이다. 답이 틀린 것은 아니지만, 이런 형식으로 쓰는 것은 인정할 수 없다고.

우리 속담에 '목마른 자가 우물 판다'는 말이 있다. 어떤 종류든 수고로움을 지불하는 것은 절박하고 급한 사람 쪽이라는 것이다. 사회생활에서도 마찬가지다. 계약을 바탕으로 이루어진 사회관계에서 항상 우위에 있는 쪽은 '갑'이다. 개중에는 갑보다 더욱 큰 영향력을 자랑하는 '을'도 존재하긴 하나, 대개 을은 돈줄을 쥐고 있는 갑이 원하는 대로 따라갈 수밖에 없는 경우가 허다하다. 이유는 단 한 가지, 계약의 파기로 인해 감수해야 하는 손해의 정도가 을에게 더 크기 때문이다.

마찬가지로 어떤 관계든 간에 이를 유지하려고 더욱 애를 쓰는 쪽은 관계 유지가 더욱 필요한 쪽이다. 커뮤니케이션에 있어서도 마찬가지다. 커뮤니케이션의 기본 목적은 '상호 이해'이기 때문에 이것이 제대로 이뤄지지 않으면 더 이상 이어질 수 없다. 이때 송신자와 수신자 중에서 커뮤니케이션이 중단될 경우 더 큰 타격을 받는 이는 어느 쪽인가?

이 답을 '수신자'라고 한다면 당신은 지금까지 일방적인 커뮤니케이션에만 익숙했던 사람이다. 정보나 의미를 되는 대로 던져두고 상대가 이해하면 다행이고, 그렇지 못해도 할 수 없는 일이라는 듯한 태도에 익숙한 사람이기 때문이다. 하지만 조금만 생각해 보면 커뮤니케이션의 주체이자 더욱 큰 책임을 지는 쪽은 송신자임을 알 수 있다.

송신자는 대부분 자신이 가진 정보나 생각을 상대에게 전달하고자 하는 '목적'을 지닌 채 커뮤니케이션에 뛰어든다. 하지만 수신자는 반드시 이뤄야 하는 어떤 목적을 갖고 참여하는 것만은 아니다. 그저 들리니까 듣고, 보이니까 보는 경우도 있다. 따라서 커뮤니케이션 과정에서 더욱 목마른 자는 송신자가 될 수밖에 없다. 그렇기에 송신자는 커뮤니케이션이 제대로 지속될 수 있도록 노력해야 할 책임이 있다. 이를 위해 가장 먼저 '상대의 언어로 이야기하는 것'이 필요하다. 앞서 바벨탑을 쌓던 인간들이 실패한 것은 그들 모두 자신의 언어로만 떠들었기 때문이다. 만약 그중 일부라도 상대의 말로 이야기하려고 노력을 기울였다면 그렇게까지 대혼란은 일어나지 않았을 것이다. 커뮤니케이션을 '잘' 하기 위해서는 먼저 상대의 언어에 대한 이해가 필요하다.

이공계
커뮤니케이션의 특징
– 까칠함

'생각해보면 어릴 적에는 글짓기 대회 나가서 상도 받고, 반장을 도맡아 하면서 제법 말을 잘하는 편이었는데, 도대체 언제부터 문제가 생긴 거지?'

과거를 되짚자 전이공에게 제일 먼저 생각나는 사건이 있었다. 전이공이 '문과' 하면 바로 떠오르는, 더 이상 인문학적 사고방식엔 관심조차 갖지 않겠다고 생각하게 된 가슴 아픈 추억이.

이공이 고등학생 때는 이과에서도 사회과목을 배우던 시절이었다. 당시 이공은 다른 과목은 별로였지만 역사만큼은 좋아했다. 외울 것이 너무 많아 시험 때가 되면 머리가 좀 아프긴 했어도 시대물을 좋아했던 터라 역사 수업에도 관심이 있었던 것이다. 이공은 대학에 들어가면 역사 관련 과목은 꼭 수강하고 싶었다. 하지만 시간표와 이수 학점을 맞추다보니 3학년을 마칠 때까지 역사 과목을 하나도 듣지 못했고, 4학년이 되어서야 겨우 '서양 문화사' 과목을 신청할 수 있었다. 공교롭게도 송아름을 따라 국문학과 수업을 들었던 것도 같은 학기였는데, 이 학기를 기점으로 전이공은 인문학에 대해 무시하는 수준을 넘어 혐오까지 하게 됐던 것으로 기억한다.

고등학교 졸업 후 처음으로 역사 과목을 본격적으로 듣게 된 전이공은 설레는 기분마저 늘었다. 그 과목은 전이공이 평상시에도 존경하는 맘을 품었던 대표적 사학자인 '한역사' 교수의 수업이었기 때문이다. 하지만 한 교수와의 만남은 시작부터 그리 좋질 못했다.

"자, 오늘은 첫 시간이니 출석 부르고 시작하도록 하지. 어디 보자. 강백호, 권준호, 서태웅, 송태섭, 전이공…? 음, 전이공 학생 어디 있나?"

출석을 부르던 한 교수는 갑자기 전이공의 이름에서 멈추고는 그를 찾았다. 전이공은 무슨 일인가 싶어 손을 들었다.

"자네, 이공대생이로군. 이공대생이 무슨 이유로 4학년이나 돼서 이 수업을 신청한 건가?"

"네, 평소에 역사에 관심이 많아서 졸업 전에 꼭 한번 교수님의 수업을 듣고 싶었습니다."

"뜻은 가상하네만, 이 과목은 사학과 전공과목이라네. 사학에 대한 기본적인 이해가 없다면, 어쭙잖게 관심 좀 있다고 들을 수 있는 과목이 아니란 말이야. 자네가 꼭 이 과목을 수강하겠다면 말릴 생각은 없네만, 난 점수를 매길 때 자네가 이공계라고 해서 고려하진 못한다는 사실, 알고나 시작하게."

한 교수는 처음부터 전이공을 그리 탐탁지 않게 생각하는 듯했다. 환대를 바란 것까지는 아니었지만, 홀대에 가까운 반응에 전이공은 당황스러웠다. 하지만 수업이 진행될수록 전이공은 한 교수의 해박한 지식과 뛰어난 말솜씨에 매료되었고, 몰랐던 역사적 사실들을 배우는 재미에 빠져들었다. 그렇다 해도 전이공은 수업 내내 이런 생각을 지울 수 없었다.

이해할 수 없는 연구 주제

'이 수업은 재미있기는 한데 도대체 어디 써먹을 데가 있는지 모르겠어.'

전이공의 의문은 그가 「고대 로마시대의 복식에 관한 연구」라는 논문으로 발제를 해야 할 시기가 다가오자 더욱 증폭되었다. 결국 그는 수업을 끝내고 강의실 밖으로 나서는 교수님을 따라갔다.

"교수님, 질문 있습니다."

"그래, 뭔가?"

"다음번 발제자가 전데요, 제가 발제할 주제가 '고대 로마시대의 복식에 관한 연구'인데, 도대체 이런 게 무슨 쓸모가 있는지 이해를 못 하겠습니다."

인상이 구겨지는 교수님의 표정을 보며 전이공은 자신도 모르게 움츠러들고 말았다. 그는 역사에 많은 흥미를 갖고 있고, 거기서 한 발짝 더 나가 연구의 목적 자체까지에도 진지하게 관심을 갖고 있다는 것을 나타내려 한 의도였는데, 스스로 생각해도 말이 좀 격하게 표현된 것 같았다.

"자네는 이과에서 곤충의 날개를 연구하는 것이 무슨 쓸모가 있다고 생각하나?"

심각한 표정을 지으며 한 교수가 전이공에게 반문했다.

"네? 그야 곤충의 날개 구조를 알게 되면 공학적인 면에서 여러 가지 원리를…"

전이공이 떠듬떠듬 말을 잇자 한 교수는 그의 말을 끊고 속사포처럼 쏘아댔다.

"아마도 자네는 곤충의 날개 연구는 나름 쓸모가 있다고 생각하겠지. 과학적 원리를 찾을 수 있다는 미명하에 말이야. 그런데 어째서 곤충의 날개를 연구하는 것은 쓸모가 있고, 인간이 입었던 옷을 연구하는 것은 쓸모가 없다는 거지?"

"저기… 그게, 제가 표현이 좀 성급했던 것 같습니다. 사실 저는 연구 목적에 관심이 많아서 이런 질문을 드린 건데요, 제가 좀 서툴러서요."

그렇지만 이미 화가 난 한 교수는 그의 말을 듣고 있지 않았다.

"내가 처음에 자네를 보고 탐탁지 않게 생각한 것은 그전에도 이공대생을 몇 번 겪어봤기 때문이야. 어째서 이공대생들은 하나같이 실용성과 흑백논리로 무장되어 있는지 알다가도 모를 일이야. 그쪽에서는 모든 사물을 그렇게 보라고 가르치는 모양이지? 자네는 학문의 의의가 쓸모 있느냐 없느냐로 갈린다고 생각하나? 자네처럼 흑백논리의 사고방식을 가지고서 무슨 학문을 할 수 있겠나. 정 쓸모없는 것이라 생각되면 발제는 하지 않아도 좋네."

한 교수는 자기 할 말은 다 했다는 듯 전이공의 말은 더 이상 듣지도 않고 가버렸다. 한 교수의 목소리가 어찌나 컸던지 수업을 마치고 강의실을 나서던 학생들도 다들 멈춰선 채 전이공을 바라보고 있었다. 그들의 눈에서도 한 교수와 같은 경멸의 눈초리를 읽은 전이공은 더 이상 수업을 들을 수가 없었다.

도망치다시피 강의실을 나오면서 전이공은 억울한 감정이 들었다. 존경하는 교수님께 나름 관심이 있다는 것을 표현하고 싶었고, 또 스스로는 의미 있는 물음이라 생각돼서 진지하게 질문한 것뿐인데 다

짜고짜 화를 내고는 흑백논리의 사고뿐이라는 둥 비판을 받고 나니 순식간에 모든 의욕이 사라져버렸다. 결국 전이공은 그 과목을 수강철회하고 말았다.

커뮤니케이션의 의미

    그때 일을 생각하자 어쩐지 씁쓸한 기분이 몰려왔다. 결국 전이공은 한동안 끊었던 담배를 찾아 피우기 시작했다.
    '그래, 그 일 이후 역사건 문학이건 인문학과는 담을 쌓기 시작했지. 그때는 존경했던 교수님한테 심한 말을 들은 것 때문에 충격받아서 다른 건 생각할 겨를이 없었는데, 지금 생각해보니까 그때도 내 커뮤니케이션 방법에 잘못이 있었을 수도 있겠네.'
    전이공은 피우던 담배가 반쯤이나 남았지만 화풀이를 하듯 거칠게 비벼 껐다.
    '도대체 커뮤니케이션이 뭐야?'
    전이공은 모르는 용어가 나오면 습관적으로 해왔던 것처럼 인터넷에서 '커뮤니케이션'을 검색해봤다.

    커뮤니케이션의 어원은 라틴어의 '나누다'를 의미하는 'communicare'이다. 신神이 자신의 덕德을 인간에게 나누어준다거나 열熱이 어떤 물체로부터 다른 물체로 전해지는 따위와 같이, 넓은 의미에서는 분여^{分與}·전도^{傳導}·전위^{轉位} 등을 뜻하는 말이지만, 근래에는 어떤 사실을 타인에게 전하고 알리는 심리적인 전달의 뜻으로 쓰인다.

이렇게 검색할 때 전이공은 대강 의미만 파악되면 휙 창을 닫았지만 이번에는 커뮤니케이션의 뜻을 하나하나 세심히 읽어보았다. '심리적인 전달이라…. 음, 단지 대화 정도라고 생각했는데 심리적인 전달이라니 뭔가 더 있는 것 같은데. 내 마음 상태 뭐 이런 것까지 정확히 전달돼야 커뮤니케이션이란 이야기 같기도 하고….'

자기 의도를 잘 알아채지 못한다고 다른 사람들을 원망했던 스스로의 모습이 떠오르자 전이공은 심기가 불편해졌다.

'결국 내가 무슨 생각으로 그런 이야기를 했는지, 내 마음속에 담고 있었던 의도가 무엇인지 이해할 수 없었던 거야. 아니, 근데 그게 왜 내 탓만이야? 팀원들도, 송아름도, 교수님도 잘못한 거잖아? 무식하거나 이해를 잘 못 하거나, 아니면 제대로 들으려고 노력을 안 했을 수도 있잖아?'

아인슈타인의 어록

이런 생각을 하면서 커뮤니케이션에 대해 검색하던 전이공에게

이젠 더이상 너의 까칠함은 못견디겠어!
난 부드러운 남자가 좋다구!

사실과 인과관계를 중시하는 이공계식 커뮤니케이션은 효율적이고 오해를 줄이는 장점도 가지고 있다. 문제는 이공계식 커뮤니케이션에 익숙지 않은 사람들에게 이는 가시 돋친 말로 들릴 수도 있다는 것이다.

눈에 띄는 구절이 있었다.

> 여러분이 알고 있는 것을 여러분의 할머니께서 이해할 수 있도록 설명하지 못하면 여러분은 그것을 진정으로 아는 것이 아닙니다. (앨버트 아인슈타인)

그건 최고의 천재 물리학자로 일컬어지는 아인슈타인이 커뮤니케이션에 대해서 한 말이었다.

'아인슈타인도 이렇게 말했는데, 내가 그동안 너무 시건방지게 행동한 건 아닐까? 그저 나 편한 대로 말하고는 상대가 날 이해하지 못한다고 불평만 늘어놨지, 내가 말을 잘 못 했다고 생각한 적이 없었던 것 같아. 이제야 깨닫다니, 난 왜 이렇게 둔한 거지?'

한번 생각이 정리되기 시작하자 자신이 과거에 저질렀던 수없이 많은 커뮤니케이션 실수들이 떠올랐다. 너무도 부끄러워 쥐구멍에라도 들어가고 싶은 사건도 숱했다. 잠시 자책한 뒤 전이공은 두 주먹을 불끈 쥐었다.

'그래, 시작이 반이라고 이제라도 깨달았으니 된 거야. 이제 할 일은 지금까지의 나를 버리고 새로운 커뮤니케이션 방법을 찾아내는 거지.'

이공계 출신 커뮤니케이션 전략 4
까칠함을 벗어라

옛말에 지피지기知彼知己면 백전백승百戰百勝이라 했다. 적을 알고 나를 알면 백 번 싸워 백 번 이길 수 있다는 말이다. 이 말 속에는 적뿐만 아니라 나 자신의 장점과 단점, 능력과 한계를 정확히 알아야 경쟁에서 이기고 전장에서 승리할 수 있다는 의미가 담겨 있다. 커뮤니케이션 과정이 비록 치열한 전쟁터는 아니지만, 그래도 나에 대해 아는 것은 커뮤니케이션의 성공에서 매우 중요하다.

최근 들어 이공계 출신들의 커뮤니케이션에 대한 관심이 높아지고 있다. 이는 시대의 변화와 무관하지 않다. 21세기의 특징을 대표하는 단어로 주목받고 있는 것은 '다양성'이다. 획일성과 효율성을 강조하던 지난 세기에 비해 21세기는 각자의 고유한 개성과 다양성을 중시하는 시대가 되었다. 다양성의 증가는 개인들 사이의 차이를 증가시켜 소통의 필요성을 더욱 크게 만들고 있으며, 이로 인해 커뮤니케이션은 더욱 중요해지고 있다.

이런 현실로 인해 이공계 출신들의 커뮤니케이션 문제가 대두되고 있다. 이는 이공계 출신들의 커뮤니케이션 자체에 문제가 있다는 것이 아니라, 그들에게 익숙한 사고방식과 소통 방식이 사회적으로는 낯설게 받아들여질 수 있다는 것이다. 이는 소위 '이공계 마인드'라고 하는 실리적, 인과론적, 계측적 특성 탓이다. 이공계에서 중점적으로 배우는 학문들은 구체적인 결과나 명확한 해답을 요구하는 경우가 많다. 따라서 이공계 출신들은 자신도 모르게 타인과의 의사소통에서도 실용성이나 합리성을 중시한다. 즉, 의사소통시 핵심적인 의미를 정확하게 전달하기를 바라고, 대화를 통해 무언가 '답'을 찾아내기를 은연중 기대한다. 이런 방식의 커뮤니케이션은 정확한 정보를 전달하는 데 있어서는 효과적이지만, '관계를 구축하고 유지하는' 커뮤니케이션의 또다른 측면에서는 전혀 힘을 발휘하지 못할 수도 있다. 이공계 커뮤니케이션의 성공을 위해서는 이렇듯 자신의 커뮤니케이션 특성을 명확히 알고, 잘할 수 있는 것과 서툰 것을 구별하고 자신의 장점을 살리고 단점은 보완하는 전략을 짜야 한다.

여담이지만, 이공계인이 사회적으로 더 많은 비율을 차지한다면 그들의 방식이 커뮤니케이션의 주류가 될 수 있을지도 모른다. 하지만 현실은 그와는 거리가 멀고, 늘 우물은 목마른 자가 파는 법이다.

전이공, 본격적인 커뮤니케이션에 대한 탐구

"팀장님, 오늘 시간 좀 있습니까?"

"시간이야 만들면 되는 거고, 무슨 일 있어?"

"일이 있는 건 아니고요, 지난번에 말씀하셨던 것에 대해서 도움을 좀 구하려고요."

"보아 하니 뭔가 깨달은 게 있는 눈치네?"

"지난 며칠 곰곰이 생각해봤는데, 아무래도 제가 그동안 커뮤니케이션의 중요성을 좀 간과한 듯합니다. 그런데 문제는 막상 중요성을 깨닫고 잘 좀 해보려고 결심을 해도 도무지 어디서부터 어떻게 시작해야 할지 감이 안 잡혀서요. 그러니 오늘만큼은 상사가 아니라 학교에서처럼 '누나'로서 좀 가르침을 주십사 부탁드립니다."

"흠, 전 대리가 아니 전이공이 깨달았다면 당연히 선배로서 도와줘야겠지만, 이거 맨입으로 비법을 전수하기에는 뭔가 아쉬운데?"

"에이, 설마 제가 맨입으로 이런 부탁 드리겠습니까? 저도 염치가 있는데요. 제가 저녁 때 근사한 데로 예약해놓겠습니다."

"후훗, 그건 농담이고. 어쨌든 널 우리 팀에 끌어들인 것도 나니까 책임을 통감하는 의미에서 노하우를 가르쳐주도록 하지. 대신 내가 하라는 대로 군말 없이 따라하기다? 오케이?"

"물론이죠!"

아직 무엇 하나 해결된 건 없지만 자신의 잘못을 알아냈다는 것만으로도 전이공은 고쳐나갈 가능성이 있다는 생각이 들었다.

'그래, 나 전이공, 여기서 주저앉을 수는 없지. 내 기필코 커뮤니케이션이 뭔지 알아내서 사람들을 놀라게 해주겠어!'

자신만의 전문 분야에서 시작하라

"제일 먼저 네가 가장 잘할 수 있는 일부터 시작하는 거야."

"제가 가장 잘할 수 있는 거요?"

"그래, 일단은 그것부터 해보는 거지. 먼저 지난번과 같은 회의를 다시 한다고 가정해보자. 회의 시간에 뭘 하지?"

"회의 시간엔 회의를 하지, 뭘 하겠어요?"

전이공이 장난스러운 말투로 표현정의 말을 받았다.

"너 지금 일부러 그런 거지? 자꾸 그러면 안 가르쳐준다?"

"에이, 장난 한번 한 걸 가지고 너무하시네. 회의마다 조금씩 다르긴 하지만, 회의란 특정한 주제나 아이템에 대해서 의견을 나누는 자리죠. 우리 팀에서 하는 회의는 주로 연구소에서 개발된 제품을 어떻게 소비자에게 효과적으로 전달하느냐에 대한 것이고요."

"그래, 특히나 우리 팀은 개발된 제품을 효과적으로 홍보하는 방법을 연구하지. 그런데 제품 홍보하는 우리 팀에 너처럼 연구원 출신들을 발령 낸 이유가 뭔지 생각해봐야 해. 우리 회사의 최근 주력 상품은 주로 고가의 기능성 화장품들이야. 보습이나 자외선 차단은 기본이고, 주름 개선, 미백, 피부 탄력 등의 효능을 앞세운 제품들을 출시하고 있다고. 그런데 요즘 소비자들은 똑똑해서 무조건 우리 제품이 효능 있다고 주장하면 먹혀들질 않아. 그래서 소비자들한테 어떤 경로가 우리 제품의 효과를 설명하는 데 적합한지 찾아야 해. 그러기 위해서는 유효성분들의 특성에 대해 알아야 하는데, 우리 팀에서는 네가 그런 성분들의 특성이나 작용 경로를 제일 잘 파악할 수 있지. 넌 직접 그 일을 해봤으니까."

"그렇죠, 이 팀에 오기 전에는 연구소 개발팀에서 있었으니까요."

"여기까진 문제없지? 이제 네가 할 일은 네가 잘 알고 있는 것을 남들이 잘 이해하도록 해주는 거야. 내 경우에는 이런 일이 있었어."

* * *

사실 표 팀장이 전 대리에게 이렇게 충고했던 것은 그녀 자신도 마찬가지 경험을 한 적이 있기 때문이다. 이공계의 세계를 떠나 (평소에 무시하듯 불렀던) '문돌이' 세계에 발을 내딛고 난 지 얼마 되지 않았을 때였다. 그때도 늘 그렇듯 오전 업무를 얼마쯤 마치고 커피 자판기 앞에 삼삼오오 모여 가벼운 수다를 떨고 있었다.

"오늘 점심은 또 뭘 먹나?"

"나가봤자 뭐 별다른 게 있겠습니까? 그냥 회사 밥이나 먹죠, 뭐."

"오늘 점심 메뉴 못 봤냐? 삼계탕인데 찜찜해서 그걸 어떻게 먹어? 조류독감 도니까 닭을 싸게 떼온 모양이야. 매일같이 푸른 벌판이더니 고기가 다 나오네."

"그렇습니까? 그러고 보니 세균 덩어리 고깃국을 먹고 싶진 않네요. 나가시죠, 팀장님. 제가 아무리 하루 벌어 하루 먹고사는 인생이지만 그건 못 먹을 거 같아요."

"그럼 그럼, 다 먹고살자고 하는 짓인데."

아랫것(?)답게 얌전하게 윗사람들이 먹자는 대로 따라가려던 표현정은 이젠 더 이상 가만히 있을 수가 없었다.

"아무래도 그건 아닌 거 같은데요."

"표 대리, 뭐가 아니라는 거야?"

"요즘 조류독감이 유행하는 건 사실이지만 75도에서 5분 이상, 85도에서는 1분 이상 가열하면 별 문제 없어요. 바이러스가 무슨 용가리 통뼈라고 끓는 물에서 살아남겠어요?"

"그래도 찝찝하잖아. TV에서 보니까 조류독감 걸리면 닭들만이 아니라 사람도 그냥 죽는다던데?"

"원래 AI를 일으키는 오소믹소 바이러스는 종간 특이성이 있어서 사람한테는 전염 안 돼요."

"종간 특이성? 그게 뭐야?"

"바이러스는 종류마다 감염시키는 숙주가 달라서 한 종을 침범하는 바이러스는 다른 종에게는 감염되지 않는다는 거예요."

"그렇지만 TV에서 보니까 외국에서는 조류독감에 걸려서 죽는 사람도 많던데?"

"그건 아무래도 AI 바이러스는 RNA 바이러스니까 뮤턴트^{mutant}를 일으킬 확률이 높아서 그런 걸 거예요. RNA 바이러스는 DNA 바이러스에 비해서 언스테이블^{unstable}해서 뮤테이션^{mutation}될 가능성이 높거든요. 특히나 조류독감을 일으키는 오소믹소 바이러스의 캡시드 위에는 HA^{hemagglutini}와 NA^{neuraminidase}가 있는데, 이것들이 돌연변이를 일으켜서 가끔 닭에게서 사람으로 전해지기도 해요."

"도대체 무슨 얘기를 하는 거야? 아까는 전염 안 된다고 했다가 이번에는 전염된다고 하니…."

"그게 그러니까… 이걸 알려면 바이러스의 라이프 사이클에 대해서 좀 숙지해야 하는데, 일단 바이러스는 환경에 노출되면 기능하지 않다가 호스트 셀에 유입되어야만 기능한데요."

"그만 그만, 도대체 무슨 소린지 알아먹을 수가 있어야지. 우린 그런 게 궁금한 게 아니란 말이야. 조류독감이 정말 사람한테 전염되는 건지 아닌지, 전염되면 얼마나 위험한지 그런 게 궁금할 뿐인데, 그렇게 복잡하게 설명하면 어떻게 알아듣냐고. 자, 이제 머리 아픈 얘기는 그만하고 오늘 점심은 다 같이 요 앞에 있는 생선구이집이다. 알았지?"

팀장이었던 고만영은 표현정의 말을 중간에 자르면서 면박까지 주었다.

'이런 무식한 사람들 같으니라고. 하긴 세균과 바이러스도 구분하지 못하는 인간들이 뭘 안다고! 이래서 사람이 무식하면 용감한 거라니까.'

마음 같아서야 이렇게 말해주고 싶은 생각이 굴뚝같았지만, 표현정은 앞으로의 사회생활을 위해서 목구멍까지 올라온 말을 꿀꺽 삼킬 수밖에 없었다.

"그때는 나도 고 팀장이 왜 그렇게 나한테 면박 줬는지 몰라서 당

이공계 출신 커뮤니케이션 전략 5
일방적 전달은 대화가 아니다

커뮤니케이션은 항상 동등한 수준에서 일어나지는 않는다. 커뮤니케이션 이론에서는 이를 크게 세 가지 모형으로 설명한다. 먼저 첫번째 모형은 일방적 모형이다. 이것은 송신자가 수신자를 고려하지 않고 일방적으로 메시지를 전달하는 것을 말한다. 전교생을 운동장에 세워놓고 실시하던 아침 조회의 교장 선생님 훈화가 일방적 모형의 대표적인 예다.

보통 일방적 커뮤니케이션은 송신자와 수신자가 동등한 위치에 있지 않을 때 일어난다. 커뮤니케이션이란 송신자와 수신자가 모두 존재해야 지속적으로 이루어진다. 그러나 일방적 커뮤니케이션의 경우, 수신자의 존재가 매우 축소되기 때문에 지속적인 커뮤니케이션이 이뤄지기 어렵다. 개중에는 상대가 뭐라 하든 상관없이 혼자서만 끝도 없이 떠들 수 있는 내공의 소유자도 있긴 하나, 대개는 수신자의 응답이 없으면 커뮤니케이션은 어색함을 안고 끝나기 마련이다.

이공계 출신뿐 아니라 전문적인 지식을 가진 이들이 비전문가들과 이야기를 할 경우, 자칫 일방적인 커뮤니케이션이 되기 쉽다. 전문적인 지식에 대해서 비전문가와 이야기를 해야 하는 경우, 대화가 불균형하게 이뤄지지는 않을지 염두에 둬야 한다. 이를 고려하지 않으면 대화는 수신자의 침묵(수신자가 아랫사람인 경우) 혹은 핀잔(수신자가 윗사람인 경우)으로 끝나기 마련이다. 이럴 경우, 자신이 이야기하고 싶은 특정 전문 지식과 상대의 관심사가 일치하는 방향으로 대화를 유도하는 기술이 필요하다. 예를 들어 조류독감에 대해서 말하고 싶다면 전문가들과는 바이러스의 속성에 대한 이야기를 심도 있게 나눠도 문제없지만, 상대가 비전문가라면 조류독감이 닭고기를 통해 전염되는지에 대한 내용이 더 흥미를 끌 것이다.

황했지."

"고 팀장님이 너무하셨네요. 표 선배 기분 저도 알 거 같아요. 연구소에 있을 때는 일상적으로 사용하던 용어들이 다른 사람들과 말할 때는 외계어처럼 들리나봐요."

"그래, 나도 그때까진 내가 무슨 잘못을 저지르고 있는지 전혀 몰랐어. 하지만 그런 일이 몇 번 되풀이되고 나니까 나한테 뭔가 문제가 있다는 생각이 들더라고."

"그래서 어떻게 했어요?"

이공계 대학원을 졸업하고 연구원으로 직장생활을 시작했던 표현정은 도중에 홍보부서로 이동한 특이 케이스였다. 연구원 생활이 싫었던 것은 아니지만, 사람들을 만나고 뭔가 새로운 것을 기획하고 시도하길 좋아했던 그녀에게 연구소 생활은 조금 답답하게 느껴졌다. 마침 사내 조직 재정비 차원에서 타부서로 옮길 수 있는 제도가 만들어졌던 터라 표현정에게도 연구소를 접고 좀더 새로운 환경에서 일할 기회가 주어졌다.

물론 쉬울 거라 생각하진 않았다. 하지만 의외로 그녀를 힘들게 했던 것은 업무가 아니라 사람들과의 관계였다. 나름대로 이공계 친구들 사이에서는 '입심'을 발휘했던 터인데, 팀을 옮긴 이후로 그녀는 대화에서 주도권을 놓쳤을 뿐만 아니라 정신을 차리고 보니 전문 용어나

남발하는 잘난 척의 여왕이 되어 있었다. 조직생활에서 직장 동료와의 관계는 모든 것의 근간이나 다름없다. 세상사 모든 일은 '정석대로' 하기보다는 '아는 사람을 통해' 하는 것이 몇 배는 빠르고 효율적이라는 사실을 그녀도 알고 있었다. 팀을 옮긴 지 한 달쯤 지나도록 주변 사람들과 쉽사리 친해지지 못한 표현정은 위기의식을 느꼈다. 그리고 이대로는 안 되겠다는 생각이 들었다.

표현정을 가장 당혹스럽게 한 것은 대화였다. 일상적인 대화에서조차도 묘한 위화감을 느꼈다. 그후로 그녀는 대화를 하면서 상대방의 표정을 살피기 시작했다. 상대의 얼굴에 떠오르는 당황스러운 표정들을 읽어내기 시작한 것이다. 그때가 바로 대화를 마무리지어야 할 시점이었다. 하지만 이는 더 이상 분위기를 어색하게 만들지 않을 수는 있어도 관계 개선에 도움을 주지는 못했다. 표현정에게 필요한 것은 '자연스럽게 이어갈 수 있는 커뮤니케이션'이었다. 그런데 아무리 친절하게 설명하려고 해도, 인문학적 대화법에 서투른 그녀가 이공계를 전공하지 않은 사람들을 이해시키는 데에는 한계가 있었던 것이다.

"역시 최선의 수비는 공격이라고, 난 내가 잘할 수 있는 일을 찾아 거기서부터 시작하기로 마음먹었어."

동료들과의 커뮤니케이션 문제로 속병을 앓았던 표현정은 그들에게 다가가기 전에 먼저 그들이 자신에게 다가오는 전략을 구상했다. 이른바 '실력 발휘'를 활용하는 것으로, 즉 인문계 출신들이 잘하지 못하지만 자신은 잘하는 부분부터 시작해 사람들이 자신을 찾아오게 한 후 관계의 물꼬를 트려고 한 것이다. 표현정은 과거를 돌아보기 시작했다. 자신이 가장 잘할 수 있는 것을 찾기 위해.

* * *

"내가 복학하고 가장 잘한 일이 현정이 너랑 같은 조에 든 거다. 어쩜 그렇게 컴퓨터를 잘하냐?"
"에이, 별거 아닌 거 가지고 비행기 태우지 마세요."
대학교 2학년 시절, 표현정은 교양과목으로 경영학 개론을 수강하고 있었다. 많은 문과 과목에서 그렇듯 경영학 개론에서도 학생들끼리 조를 짜서 발표할 기회가 많았다. 조원은 네 명이었고, 현정을 제외하고는 모두 문과 소속이었다.

그들과 같이 조활동을 하다보니, 다른 조원들은 기발하고 자유로운 아이디어들을 내놓기는 했지만 구체적으로 데이터를 처리하는 데 익숙하지 못하다는 사실을 발견했다. 즉, 그들은 일을 지시하고 조사하거나 설계하는 것은 잘했지만, 얻어낸 데이터를 처리하는 데는 미숙했다. 그들은 꽤나 두툼한 자료들이 제시하고 있는 복잡한 숫자들을 계산기 하나 놓고—그것도 로그나 적분 계산이 되는 공학용 계산기도 아니고 그저 일반 계산기만으로—끙끙대면서 처리하려고 했던 것이다.

'누구나 다 할 수 있는 건데, 왜 다들 잘 못 할까? 맘만 먹으면 얼마든지 편하게 할 수 있는데 저렇게 힘들어서 하다니, 이해가 안 가.'

표현정은 스프레드시트 프로그램인 엑셀을 가지고 데이터를 정리하고 함수를 만들어 계산을 했다. 함수를 하나 만들어놓으니 아무리 복잡한 데이터라도 순식간에 정리되었다. 엑셀의 장점은 복잡한 데이터를 정리할 수 있을 뿐 아니라 이를 그래프와 표로 쉽게 그릴 수 있고, 이렇게 그려진 그래프들을 워드에 그대로 옮겨 붙일 수 있다는 데 있었다. 표현정이 대학을 다니던 90년대 말까지만 하더라도 엑셀은 복잡한 통계 처리 프로그램도 아니고, 자기 학과에서는 흔하게 사용하는 것이라 이걸 이용해서 계산하고 간단한 통계를 처리하고 '비주얼화' 했을 뿐인데도 문과대 선배들은 그녀를 신기하게 생각했다.

"역시 현정이는 컴도사야!"

"거의 엑신 수준이라니까~"

그녀가 정리한 자료를 보여주었을 때, 주변의 반응은 뜨거웠다.

"나 참, 부끄럽게 왜들 그러세요, 이 정도 가지고."

수업을 듣던 학생들 사이에서 표현정은 '엑신' 이라는 별명을 갖게 됐다. 사실 그녀는 이과대에서는 평균치였는데도 이런 수식어가 붙은 것이다.

"어떻게 한 거야. 우린 밤새웠는데도 이 모양인데, 에잇!"

비슷한 데이터를 가지고 리포트를 만든 다른 팀에서는 데이터를

자신이 잘하는 것을 강조하라!

펭귄은 새이지만 하늘을 나는 것보다는 바다에서 헤엄치는 것을 더 잘한다. 누군가의 주목을 받고 싶다면 먼저 자신이 잘하는 것을 강조하는 것이 도움이 된다. 특히나 이공계생의 경우 기계와 컴퓨터 프로그램에 친숙하다는 장점이 있다. 다양한 사람들과 소통할 때 자신이 잘할 수 있는 것부터 이용하라.

계산하고 통계를 내느라 며칠 밤을 샜다는 얘기를 들었다. 그들은 엑셀로는 함수 같은 것을 제대로 활용하지도 못하며, 단지 사칙 연산 기능만으로도 놀라워했다는 얘기를 들었을 때, 표현정은 다른 세계의 이야기를 듣는 것 같았다. 결국 그들은 거의 수작업으로 많은 양을 하나하나 계산해서 보고서를 만들었다고 했다. 한두 시간이면 처리할 간단한 일을 가지고 밤을 새우는 문돌이들을 그녀는 결코 이해할 수 없었다.

'도대체 왜 컴퓨터 프로그램 쓰는 걸 무서워하는 거야?'

모두 그런 것은 아니지만, 대체로 인문학도들은 복잡한 기계를 다루거나 새로운 프로그램 배우는 것을 굉장히 어려워했다. 그렇기에 온갖 프로그램을 자유자재로 다루는 그녀는 그들에게 있어 '또다른 세상에 사는 사람'처럼 보였다. 결국 표현정은 기말고사 팀 리포트를 작성할 때 여기저기서 참여해달라는 구애를 받는 최고의 인기걸이 되었다.

'그래, 난 이공계 출신이라 아무래도 기계에 강한 편이니까. 엑셀뿐 아니라 파워포인트, 액세스 같은 프로그램들을 조금씩 배워서 응용해보자. 그게 나만의 장점이 될 수 있도록.'

표현정의 커뮤니케이션을 도와줄 프로그램들은 얼마든지 있었다. 그녀는 시각적 발표를 돕는 포토샵의 기능들을 익혔고, 파워포인트 사용법을 배웠다. 데이터 정리를 위한 엑셀과 액세스는 물론이고, 생각을 잘 정리해서 발표할 수 있는 '마인드맵' 프로그램 등을 이용해서 발표하기로 마음먹었다.

첫째, 한눈에 들어오도록 정리하기

"거, 바쁘니까 한 번에 다 보여줘야지, 이런 허접한 리포트 수백 개 읽다가 쓰러지지 않겠어? 요약해서 한 번에 볼 수 있게 해와!"

대학에서 실험 데이터를 발표할 때 교수님들이 실험 리포트를 내주면서 항상 강조했던 것이다. 한눈에 들어오게 정리를 하라는 것이었다. 보통 실험 결과는 복잡하게 나타나기 때문에 이를 정리해서 표현하는 것은 쉬운 일이 아니었다. 바쁘고 복잡한 세상에서 주저리주저리 떠들기보다는 요약해서 표현하는 기술이 필수적으로 요구됐다.

회사에서도 마찬가지였다. 임원들 앞에서 실시된 팀별 발표에서 표현정은 간략하고 깔끔하게 정리된 파워포인트 파일로 승부했다. 아니나 다를까, 그녀의 예상은 적중했다. 다른 팀들이 복잡한 로raw 데이터와 구구절절한 설명으로 일관하다가 임원진들에게 '그래서 한마디로 뭡니까' 라는 핀잔을 받은 것과는 달리, 지난 10년간 회사의 홍보 전략 변화와 매출 변화를 간략한 표와 다이어그램 등을 이용해 깔끔하게 정리했더니 호평을 받았다. 여러 아이디어가 경쟁하는 상황에서 표와 데이터가 줄 수 있는 깊이와 그것의 흐름을 보여주는 다이어그램이 임원들의 마음을 움직인 셈이다.

둘째, 백문이 불여일견-그림으로 승부

표 팀장의 이공계 마인드가 힘을 발휘한 또다른 사례는 '비주얼화'였다.

'저렇게 로 데이터를 늘어놓으면 정작 중요한 게 뭔지 눈에 잘 띄지 않잖아? 그래프 하나만 그리면 쉽게 이해될 거 같은데….'

표현정은 다른 팀의 발표를 볼 때마다 답답해했다. 아니나 다를까, 임원들도 제대로 이해를 못 하고 간단하게 보여주라며 요구해왔다.

'임원들도 대부분 인문·사회과학 전공자들이라 복잡한 수치표에 진숙하지 않을 거야. 어차피 이해 못 할 수치라면 과감하고 용감하게 눈으로 보여줄 수 있는 그림이 좋지.'

드디어 임원진 앞에서 처음으로 발표하던 날, 표현정은 이렇게 말했다.

"저희 팀은 '백문이 불여일견'이라는 말을 좋아합니다. 구구절절 설명하기보다는 이 그래프를 보시죠."

표현정의 자신 있어 하는 말에 임원들은 시선을 집중시켰다. 그녀는 깔끔하게 정리된 그래프를 통해 지난해 매출 변화도와 올해의 가능성을 제시했다. 물론 시각디자인을 전공한 동료들에 비해서 그녀의 그림은 그리 세련되지는 못했다. 그러나 그게 큰 문제가 되진 않았다. 약간은 투박하지만 비주얼로 데이터를 설명한다는 것 자체가 커다란 장점이 되었기 때문이다.

* * *

"오호, 그런 방법이 있었네요. 그러고 보니 회의 시간에 다른 사람들도 쉽게 알아볼 수 있게끔 자료를 깔끔하게 정리한 적이 없었어요. 그저 내가 알고 있는 대로만 발표하면 될 거라고 생각해서 별달리 자료 정리를 하지 않았거든요."

"자료만 잘 정리해서 일목요연하게 보여줘도 다른 사람과의 의사소통은 훨씬 수월해질 거야. 지금 우리 팀에서는 네가 하는 말이 무슨 소리인지 알아듣지 못하겠다는 불평이 나오고 있으니까, 우선 여기서부터 시작해보는 거야."

이공계 출신 커뮤니케이션 전략 6
자신의 장점을 살려라

이공계대생이라면 대개 컴퓨터와 친하기 마련이다. 그런데 많은 경우 발표 등을 위한 문서 작업에는 취약하다. 한 이학박사가 "난 슈퍼컴퓨터는 사용하는데 PC는 영 안 되더군" 하며 말하는 것을 들은 적이 있다. 수학 좀 하고 컴퓨터 좀 만졌다고 문서 작성과 발표를 다 잘하는 것은 아니다. 실제로 편집을 잘하는 것은 엔지니어가 아니라, 그래픽이나 문서를 잘 다루는 디자이너나 편집자들이다. 다만 이공계 출신들은 기계를 다루는 데 익숙하기에 조금만 노력하면 훨씬 더 쉽게, 빨리 배울 수 있다. 또 이런 프로그램들을 잘 사용하면 커뮤니케이션의 서툶을 극복하는 데 도움이 된다.

· 워드프로세서

컴퓨터 프로그램을 통한 가장 기본적인 커뮤니케이션 툴은 역시 워드프로세서일 것이다. 이건 말 그대로 문장 위주로 자료를 만드는 도구다. PC 사용자라면 이 프로그램을 모를 리 없다. 훈글, MS워드 등이 대표적인 프로그램이며 윈도우를 설치하면 기본으로 딸려오는 워드패드 등이 있다. 예전에는 보석글, 훈민정음 등도 있었지만 이제 대부분의 사람은 아래한글과 MS워드를 사용한다. 이들 대부분은 단순히 타이프를 치기 위해 이 프로그램을 사용할 뿐이다. 그런데 알고 보면 한글 프로그램은 책을 완성시킬 수 있을 정도로 뛰어난 편집 기능을 갖추고 있다. 디자인 전용 프로그램을 사용하지 않더라도 출판이 가능할 정도다. 시간을 내 매뉴얼에 있는 다양한 기능을 충분히 익혀두자.

· 스프레드시트

도표나 수식, 계산을 하기 위해서 주로 사용하는 프로그램이다. 과거에는 로터스 등을 썼지만 최근 10여 년간 MS의 엑셀과 한글과컴퓨터의 넥셀 등이 그 자리를 차지했다. 최근에는 오픈 소스 진영에서 만든 유사한 프로그램들도 사용된다. 공대생의 경우 스프레드시트 프로그램을 종종 쓴다. 함수 기능을 이용한 계산이 가능할 뿐 아니라 규칙을 요하는 문서의 경우 체계적인 정리를 하는 데 편리하다. 고급 기능을 활용하게 되면 문서 간의 연관성을 찾아서 일종의 데이터베이스도 만들 수 있다. 특히 미학적으로 뛰어나진 않아도 스프레드시트 프로그램에는 입력된 데이터 값을 이용해 다양한 그래프를 그리는 기능이 내장되어 있다. 보통 워드프로세서는 그래픽 기능이 약하기 때문에 스프레드시트의 그래프 작성 기능을 활용하면 편리하다.

· 프레젠테이션 도구

발제나 발표를 위해서는 그래픽이 들어간 문서를 작성하는 것이 필요한데, 이럴 때 사용하는 것이 프레젠테이션 도구다. 그중 MS의 파워포인트, 한글과컴퓨터의 슬라이드 등이 널리 보급됐다. 프레젠테이션 도구를 활용하면 발표용 자료를 몇 번의 클릭만으로 제작할 수 있다. 프로그램 내부에는 자료를 쉽게 만들 수 있도록 배경화면이 될 만한 자료와 적절하게 끌어다 쓸 수 있는 아이콘이 있다. 하이퍼링크를 이용한 웹사이트 연결뿐 아니라 사진 파일, 동영상 클립과 음성 파일도 하나의 문서 내에서 처리가 가능해 편리하고 다양하게 사용할 수 있다.

· 기타

내 생각을 상대에게 정리해서 보여줄 때는 시간상 혹은 흐름상 구조화되어가는 모습을 구현하는 것이 좋다. 이때 마인드맵과 같은 비주얼 맵핑 프로그램이 도움이 된다. 마인드맵은 각각의 주제나 단어들을 화살표와 괄호로 묶어서 연결하기 쉽게 만들어져 있기 때문에 생각의 흐름을 보여줄 때 유용하다.
이밖에도 문서 편집기, 사진 편집기, 동영상 편집기, 문서 꾸미기 프로그램들을 통해 편리하고 효과적으로 정보를 전달하는 문서를 제작할 수 있다.

전 대리의
변화

"자, 오늘은 새로 개발돼서 론칭 준비하고 있는 자외선 차단제 'SF306'에 대해 얘기해보기로 합시다. 다들 제품에 대해 미리 조사하셨을 테니 자유롭게 의견 말해주시기 바랍니다."

이번에도 나서기 좋아하는 김 과장이 먼저 말을 꺼냈다.

"역시 자외선 차단제 하면 여름 이미지죠. 해변에서 선글라스 끼고 일광욕하는 모습을 비교하면 어떨까요? 기존 자외선 차단제를 바른 사람은 선글라스 자국이 그대로 남아 난처해하지만 SF306을 바른 사람은 선글라스를 벗어도 전혀 흔적이 남지 않는다는 이미지로요."

"그거 재미있겠네요. 약간 코믹하면서도 자외선 차단제의 특성을 가장 잘 나타내는 장면이 될 것 같아요."

"선글라스도 좋지만, 약간 섹시하게 어깨끈이나 배꼽티 자국이 남는 콘셉트는 어떨까요? 배꼽티 입고 돌아다녔는데, 나중에 비키니 입으려고 보니 배 주위에 동그랗게 자국이 남았다더라… 뭐 이런 거요."

김 과장이 한마디 던지자 분위기는 순식간에 그쪽으로 흘러갔다. 이때 표 팀장이 흐름을 끊고 나섰다.

"잠깐만요, 여러분. 지금 약간 오해가 생긴 것 같네요. 자외선 차단제는 물론 자외선 차단 기능이 생명이긴 하지만, 그것만으로는 부족합니다. 자외선 차단제가 자외선을 제대로 차단하지 못해서야 무슨 쓸모가 있겠습니까? 그리고 이번에 출시될 SF306은 권장소비자가가 5만 8900원으로 책정된 고가의 제품입니다. 보통 자외선 차단제 가격이 2~3만 원대라는 것은 알고 계시죠? 이런 고가의 제품을 팔면서 그저 자외선 차단만을 강조하는 것은 좀 부족하다는 생각이 드네요. 이 제품만의 특성을 제대로 알려줄 필요가 있어요."

표 팀장의 말이 떨어지자 사람들은 서로 눈치를 살피기 시작했다. 사실 이 아이템은 출시일이 계속 변경된 탓에 회의 자체가 급하게 잡혔던 터라 팀원들도 준비가 부족했던 것이다. 연구소에 있을 때 이 제품의 연구를 담당한 적이 있던 전 대리는 내심 쾌재를 불렀다. 이번이야말로 자신에게 주어진 만회할 기회 같다는 느낌이 들어서였다. 전 대리는 준비해둔 자료를 주섬주섬 꺼냈다.

"저, 아무래도 이번 아이템에 대한 정보가 부족하신 것 같아서 제가 따로 그 특성들을 정리해서 가져왔습니다. 한번들 보시죠."

신개념 자외선 차단제 SF306

기능	특징	
자외선 차단 지수	자외선 A, B 차단(자외선 차단 지수 SPF 50, +++)	
기본 기능 (자사 중저가 라인에 포함된 기능)	자외선 차단 기능, 워터 프루프 기능	
고급 기능 (자사 고가 라인에 포함된 기능)	메이크업 베이스 기능, 미백 및 수듬 개선 기능성 성분 첨가	
신기능(SF306 고유의 기능)	사용 방법의 변화	기존의 로션 타입이 아니라 롤링 스틱형으로 손에 묻힐 필요 없이 직접 얼굴에 대고 문질러 바르도록 되어 있음.
	나노 입자 기술 적용	나노기술을 통한 물분자의 함유로 바르는 순간 시원한 느낌이 들어 기존 자외선 차단제가 지닌 끈적이는 느낌 최소화

전 대리가 나눠준 자료에는 SF306의 기능과 특성뿐 아니라 기존 제품의 기능과 새로 추가된 기능이 표를 통해 알기 쉽게 정리되어 있었고, 새로 추가된 롤링 스틱형 제품의 사용법과 나노 입자의 기능이 그림으로 제시되어 있어 이해하는 데 어려움이 없었다.

"와, 이거 좋은데? 전 대리, 언제 이런 걸 다 준비했어?"

"별거 아닙니다. 연구소에 있을 때 관련 업무를 한 적이 있어서요."

"이렇게 정리해놓으니까 보기가 참 쉽네요. 진작 이렇게 해볼 걸 그랬어요."

"맞아요. 이 표를 보니까 자외선 차단 기능은 중저가 라인도 모두 가지고 있으니 굳이 이걸 강조할 필요는 없을 것 같다는 생각이 확 드는데요. 여기 전 대리가 정리한 대로 롤링 스틱형의 용기 제형과 물분자를 함유하고 있어 청량감이 느껴진다는 부분을 강조하면 좋을 듯합니다."

동료들의 칭찬에 전 대리는 으쓱해졌다. 이제 회의는 다른 방향으로 활기를 띠기 시작했다. 송아름이 말했다.

"같은 음식을 손으로 집어 먹는 것과 젓가락을 사용해서 먹는 것을 동시에 보여준 뒤, 어느 손을 마음 놓고 잡을 수 있겠느냐고 물어보는 방식은 어떨까요? 손으로 바르는 방식보다는 롤링 스틱을 이용하는 것이 훨씬 더 깨끗하고 위생적이라는 것을 강조하기 위해서요."

"또 자외선 차단제를 사용하는 시기가 주로 여름이니까, 태양빛을 물을 이용해 막아낸다는 이미지를 보여주는 것도 좋을 것 같습니다. 여기 그림에서처럼 나노화된 물이 피부에 수분막을 입혀 따가운 태양 아래 건조해지기 쉬운 피부를 보호한다는 내용의 애니메이션을 삽입해도 좋을 것 같고요."

알기 쉽게 만들어진 전 대리의 자료 덕에 회의는 다시 활기를 띠기 시작했다. 전 대리는 드디어 자신이 할 수 있는 일을 찾은 것 같아 기분이 좋아졌다.

보기 좋은 자료가 전부는 아니다

"오늘 수고했어. 역시 전이공이야. 생각보다 빨리 깨우쳤는걸?"

"그거야 모두 선배님이자 팀장님의 열렬한 가르침 덕분이지요. 생각해보니 학교 다닐 때 자료 정리하는 거 하나는 잘했거든요. 정리한 자료 내용을 다른 사람들도 모두 알아들을 수 있는 말로 만드는 게 조금 힘들긴 했는데, 일단 해보니까 말을 바꾸는 것도 수월해지더라고요."

"그래, 이걸로 이제 네 자리를 하나 찾는 데는 성공했지. 하지만 아직도 갈 길은 멀어."

"또 다른 게 있다고요?"

"이건 시작에 불과해. 나도 과거에 똑같은 경험을 한 적이 있거든. 자료를 논리적인 순서대로 정리하고, 표랑 차트, 그래프를 통해서 보기 좋게 정리하는 것에 익숙해지면서 내가 잘할 수 있는 분야를 찾았다고 생각했지만… 그것도 잠깐이었지."

표현정은 말을 이었다.

"오늘 회의 시간을 잘 떠올려봐. 자료를 정리하고 핵심을 짚어준 사람은 분명히 너였지만, 결국 그걸 바탕으로 홍보 포인트를 짚어낸 사람은 네가 아닌 김 과장이랑 송아름이었어. 아마도 이번 홍보가 성공하면 그 공은 두 사람에게로 돌아갈 거야. 네 몫은 거기에 별로 언급이 안 되겠지."

"듣고 보니 억울하네요. 기본 조사는 제가 다 했는데요."

"그렇지? 그런데 그게 현실이야. 자료를 정리하는 건 아주 기본적인 준비 과정에 불과해. 더 중요한 건 이 자료를 바탕으로 무언가를 '전달'하는 능력이지."

표 팀장은 자신의 과거를 회상하는 데 빠져들었다. 자신도 이공과 동일한 과정을 겪었던 때가 떠올랐기 때문이다.

* * *

표현정이 자신이 잘할 수 있는 분야를 통해 사람들과 문제없이 소통할 수 있다고 생각했던 것은 아주 잠시뿐이었다. 경영학 개론 수업 때도 마찬가지였다. 이 수업은 교수님의 의욕이 만만찮아서 2주에 한 번꼴로 조별 발표가 있었다. 처음 한두 번은 표현정이 만든 자료가 한눈에 잘 보이고 신선해서 눈길을 끌었다. 그런데 세 번째 발표 시간이었던가, 그날도 여러 가지 프로그램으로 깔끔하게 정리한 자료를 들고 나타나자 다른 조원들이 고마워하면서도 난처한 표정으로 바라보는 걸 그녀는 미처 깨닫지 못했다.

"여기 오늘 자료 정리해왔어요. 하나씩 가지시고요, 오늘 조별 발표 순서는 우리가 세 번째던가요?"

"저 현정아, 이거 말이야…."

"왜, 자료가 이상해? 숫자 틀렸어?"

"아니, 그게 아니라 현정이 네가 만들어온 자료는 항상 최고지. 근데 말이야, 자료 만드느라 고생했으니까 오늘 발표는 좀 쉬는 게 어떨까 해서. 발표는 다른 사람이 하고."

"다른 사람 누구?"

"아, 그런 건 내가 해야지. 현정이 매일 자료 만들어오느라 고생하는데, 선배가 돼서 아무것도 안 하고 있으면 쓰나. 이제 앞으로 발표는 내가 할게."

갑자기 그동안 뒷짐 지고 있던 복학생 선배가 나섰다.

"그래, 그러는 게 좋겠어. 생각해보니까 그동안 우리가 현정이만 너무 부려먹은 거 같아."

"어, 앞으로 우리도 일을 나눠서 할게. 같은 조원인데 분담해야지."

"어 어… 그러지 뭐."

갑자기 모든 조원이 현정을 배려하는 듯한 말을 던지기 시작했다.

그때는 분위기에 휩쓸려 그러려니 하고 넘어갔지만 다음번 발표 때에도, 그다음 번 발표 때에도, 결국은 학기말 마지막 총정리 발표 때에도 같은 일이 일어났다. 현정은 죽어라 자료 정리만 했고, 사람들 앞에 서서 발표하는 것은 다른 사람들이 도맡았던 것이다. 그리고 결국 교수님의 눈에 들어 칭찬을 받은 것은 발표자들이었다. 그 결과는 성적으로 나타났는데, 발표를 잘했던 다른 조원들은 A를 받은 반면, 가장 일을 많이 했던 현정은 B를 받았다.

특히나 졸업반이었던 복학생 선배는 현정이 만들어준 자료를 가지고 여유로운 태도로 쉽게 설명한 것이 교수님 마음에 쏙 들었던지, 교수님이 직접 그 선배를 불러서 장학금을 제시하며 대학원 진학을 권유했다는 소문도 들었다. 현정은 너무 억울했다. 실제 일은 자기가 했는데 그 혜택은 남들이 다 가져간 느낌이었다.

'그때는 왜 그런 결과가 나왔는지 모르고 교수님만 원망했지.'

자료 정리는 언제나 표 대리의 몫

현정은 지난일을 생각하며 쓴웃음을 지었다. 이런 일은 입사해서도, 특히나 연구소에서 홍보팀으로 처음 옮겼을 때에도 반복됐던 것이다.

"자, 여러분 수고하셨습니다. 대강 결론이 나왔으니 이제부터는 표 대리가 처리하도록 하겠습니다. 표 대리 오늘도 수고 좀 해줘. 자, 모두 표 대리한테 응원 좀 해주자고, 짝짝짝~"

홍보팀 회의는 마라톤으로 이어지기 일쑤였다. 그날도 오후에 시작한 회의가 늘어지기 시작해 저녁 식사도 회의실에서 시켜 먹으면서 이어갔다. 그리고 회의가 끝나자 어김없이 자료 정리는 표현정의 몫으로 떨어졌다.

'또야? 벌써 밤 11시인데, 이걸 나 혼자 다 하라고? 나도 홍보팀 일원인데 매번 후공정 작업만 맡기네. 오늘은 도저히 못 참아!'

표현정이 막 폭발하려던 찰나, 자타공인 눈치 9단인 이 대리가 나섰다.

"팀장님 이거 좀 미안한데요. 홍보팀의 장대 같은 남자들 다 놔두고, 연약한 표 대리한테만 이걸 다 맡기려니."

"그래, 이기철, 너 말 잘했다. 이게 다 니들이 못나서 그런 거 아니냐? 미안한 거 알면 니들도 컴퓨터 좀 배워서 표 대리 반만큼이라도 해봐라. 엑셀이니 포토샵이니 거 뭐냐, 파워포트? 니들이 그런 거 좀 할 줄 알면 내가 왜 만날 표현정만 시키겠냐?"

"파워포트가 아니라 파워포인트인데요, 팀장님."

눈치 없는 누군가가 끼어들었다.

"그래, 파워포트든 파워포인트든 간에 하여튼 니들도 말만 하지 말고 표현정 좀 보고 배우란 말이야. 그럼 미안해하지 않아도 되잖아?"

"그게 말처럼 쉽나요? 좀 해보려고 했는데 아무리 해도 표 대리만큼은 안 되더라고요."

"그치? 표 대리 아니면 우리 팀은 벌써 집단 해고당했을 거야. 우리야 몇 개 아이디어를 냈을 뿐이고~, 표 대리가 화룡점정을 하는 것일 뿐이고~ 그러니까 다들 표 대리에게 잘해."

"알았어요, 표 대리. 미안, 오늘도 좀 부탁해. 대신 내가 내일 맛있는 점심 쏠게, 오케이?"

오늘은 기필코 한마디 쏘아붙이리라 결심했건만, 사람들이 주변에서 설레발을 치자 표현정은 또 타이밍을 놓치고 말았다. 결국 그녀는 다들 퇴근한 사무실에 홀로 남아 자료 정리에 매진하는 신세가 되고 말았다.

그녀가 홍보팀으로 옮긴 지 벌써 4개월째. 그동안 그녀가 한 일이라곤 그저 자료를 만들어준 것뿐이었다. 대학 시절과 똑같이 자료 정리를 표현정이 하면 실제 중역들 앞에서 브리핑 하는 것은 다른 사람들의 몫이었다. 자료 정리는 표현정이, 공은 대학 때 홍보를 전공한 고 팀장과 남 과장이 가져가는 형국이었다.

팀원들은 그녀를 '엑신' 혹은 '차트의 여왕'이라고 추켜올렸지만, 그녀는 자신이 '엑-머슴'이나 '차트의 노예'라는 생각이 들었다. 역시 문과생들의 말발은 장난이 아니었다. 번번이 거절하려 했지만, 그들의 말발에 결국은 넘어가서 밤을 새운 적이 하루 이틀이 아니었다.

'재주는 곰이 부리고, 돈은 ○○이 가져가고. 도대체 뭐가 문제인 거지?'

홍보팀 전근 이후 이러한 일이 반복되자 표현정은 2단계 도약을 위한 방법을 찾으려고 고민하기 시작했다. 그때 문득 떠오른 것이, 대학원 시절 더 이상 부모님께 손 벌리기가 미안해 교수님 몰래 시작한 과외 아르바이트였다. 학벌이 괜찮았던 덕에 과외 자리를 구하기는 어렵지 않았지만, 학생들을 가르치는 것이 그리 쉽지만은 않았다. 아이들은 표현정이 가르치는 것을 잘 이해하지 못했고, 한두 달 후면 어김없이 부모들로부터 '항상 시간보다 일찍 오셔서 늦게까지 지도해주시고, 한 번도 빠진 적도 없고 해서 선생님이 성실한 건 잘 알겠어요. 그런데 아무래도 우리 애하고는 안 맞는 것 같네요. 미안하지만 이번 달까지만 하고 그만할게요' 라는 해고 통지를 받곤 했다.

비유와 상징을 이용하라

오늘부터 전이공을 위한 표현정의 커뮤니케이션 특강이 시작된다. 거하게 대접하겠다던 전이공은 정말로 근사한 레스토랑으로 표현정을 초대했다.

"전이공, 너 무리하는 거 아냐? 여기 꽤 비쌀 텐데."

"앞으로 사회생활 잘하려면 이 정도 투자는 해야죠. 자 표 팀장님, 자리에 앉으시죠."

맛있는 식사를 하고 와인이 나오자 표현정은 가방에서 손때 묻은 교과서를 꺼냈다.

"이게 뭡니까? 중학교 과학 교과서요?"

"사실 이게 내 커뮤니케이션 기법 개발의 첫 교재야."

"이 낡은 교과서가요?"

전이공은 고개를 갸웃거렸다. 표현정에게 있어 전이공은 매우 낯익고도 안타까운 모습을 하고 있는 후배였다. 전이공은 몇 년 전 자신의 모습과 너무나 흡사했다. 그가 지금 저지르는 실수는 과거에 그녀도 똑같이 했던 것이기에, 그가 느끼는 당혹감과 억울함도 그녀에게는 낯선 감정이 아니었다. 지금 자기 앞에 앉아 '비법'을 듣겠다고 눈동자 빛내고 있는 전이공의 모습에서 그녀는 10여 년 전 자신의 모습을 떠올렸다. 그때 그녀 역시 지금의 전이공과 같은 심정으로 대학생 과외 재벌로 유명했던 후배 황금손에게 자문 아닌 자문을 구한 적이 있기 때문이다.

* * *

"누나, 있잖아요. 애들은 스트레이트로 말하면 잘 못 알아들어요.

특히나 누나는 이과를 전공했으니까 과학적 방법론에 대한 기본 개념이 있겠지만, 애들은 그런 개념이 전혀 없거든요. 그래서 설명할 때는 가능하면 아이들이 이해할 수 있도록 쉽게 얘기해주는 게 중요한데, 그건 단순히 쉬운 단어를 사용하라는 얘기가 아니라 아이들이 기존에 알고 있던 개념들에 비유해서 설명하거나 상징적인 예를 많이 드는 거죠. 가령 세포가 생명체를 만드는 과정을 벽돌로 집을 짓거나, 레고 블록으로 집을 짓는 것으로 설명하는 거예요. 직접 블록 몇 개 가지고 가서 보여주면서 설명하면 더 좋고요."

"그렇지만 비유를 많이 사용하면 과학적 정확성이 떨어지잖아?"

"누나가 이래서 자꾸 잘린 거예요. 아예 처음부터 이해하지 못하는 것보다는 비유를 통해서 부정확하더라도 기본 개념을 이해하고 나면 나중에 다시 고쳐줄 수 있어요. 일단은 개념을 잡아주는 게 중요하다니까요."

그후에도 금손은 이런저런 에피소드를 들려줬는데, '비유와 상징'을 이용해 학생들에게 개념을 전달하라는 것이 골자였다.

동류 집단 속에서는 큰 문제가 없던 의사소통 기법이 대상의 범위가 약간만 달라져도 문제가 된다는 사실에 그녀 역시 무척 혼란스러웠다. 자신도 같은 경험을 했기에 그녀는 전이공의 심정을 충분히 이해하고 있었다. 그래서 일부러 베란다 창고까지 뒤져서 당시 아이들을 가르

어려운 개념은 비유와 상징을 이용하라!

때로는 백 마디 설명보다 단 한 번의 비유나 한 장의 사진이 더 이해하기 쉬울 수 있다. 효과적인 커뮤니케이션을 위해서는 비유나 상징을 적절히 섞어 쓰는 것도 좋은 방법이 된다.

치는 데 썼던 옛날 교과서까지 찾아낸 것이었다.

"나도 10년 전쯤에 과외 아르바이트를 했는데, 너랑 같은 고민을 한 적이 있어. 난 열심히 가르친다고 했는데, 애들은 하나같이 내 말을 이해하기 힘들다고 하는 거야. 난 꼭 고등학교 때 물리 선생님이 된 것 같았어. 흔히 '제물포'라고 불렸던 물리 선생님 말이야."

"아, 그러고 보니 우리 학교에도 그런 선생님이 한 분 계셨어요. 우리나라 최고 수재들만 간다는 대학의 물리학과를 나온 무척 똑똑한 분이었는데, 우리는 그 선생님 수업을 하나도 따라갈 수가 없었어요. 그래서 서 선생님 때문에 물리 포기했다고, 제물포 선생님이라고 불렀는데, 학교마다 그런 분은 다 있나봐요."

악순환의 반복

"맞아, 그때는 너무 어렵게 설명하는 선생님이 원망스러웠는데 막상 가르치는 입장이 되니까 나도 똑같이 행동하고 있더라고. 기껏 열 올려서 설명해주면 애들은 도대체 이게 무슨 외계어냐는 듯 맹한 얼굴로 바라보고, 나는 이 정도까지 설명해줬는데 이해 못 하는 애한테 실망하고. 악순환의 반복이었지."

"그 심정 충분히 이해합니다."

전이공은 표현정의 말에 격하게 고개를 끄덕였다. 그 역시 그 상황이 120퍼센트 이해되었기 때문이다.

"더 이상은 안 되겠다 싶어서 당시 과외 재벌이라고 불리던 금손이에게 SOS를 요청했는데, 그때 금손이가 나한테 이런 얘기를 해주더라. 상대가 이해할 수 없게 말하는 건 말하는 사람의 책임이라고. 일단 무언가를 전달하기로 마음먹었다면, 상대가 이해할 수 있도록 전달하는 것은 화자의 책임이라고 하더라고. 그러면서 효과적인 커뮤니케이션의 방법으로 첫째, 비유와 상징을 이용해서 상대가 이미 아는 부분에 빗대어 전달하는 방법을 추천해줬어."

"비유와 상징이라고요?"

"자, 이걸 한번 봐. 이게 중학교 교과서에서 나오는 내용이야. 전기의 특성에 대한 설명인데, 이걸 물의 특성에 비유해서 말하고 있어. 당시 나는 과학은 비유법을 사용하면 아무리 조심한다 해도 오류가 발생할 수밖에 없기 때문에 옳지 않다고 생각했어. 그런데 교과서에서조차 이런 표현을 사용하고 있더라고. 그래서 나도 흉내 내봤지. 그랬더니 정말로 효과가 좋더라고."

"구체적으로 어떻게요? 말로만 들어서는 잘 모르겠는데요?"

현정은 자신의 실제 경험을 전이공에게 털어놓았다.

* * *

"자 그러니까 지구의 그림자가 세 발 달린 개라고 생각해보렴…""

과학자들은 비유나 상징을 사용해 설명하는 것을 반기지 않는다. 하지만 전달력을 높이기 위해서는 이 둘을 적절히 사용하는 것이 큰 도움이 된다. 네 살짜리 아이가 "아기는 어떻게 생겨?"라고 물어봤다고 성관계에 대해 자세히 알려줄 순 없지 않은가. 위의 내용은 중학교 교과서 그림에 붙은 설명이다.

"자, 오늘은 전기에 대해서 배워보자. 교과서 펴봐. 110쪽, 그래. 전류는 양극에서 음극으로 흐르는데…"

한참을 전기에 대해 설명했지만 과외받는 아이는 이해를 못 하는 눈치였다. 표현정은 이제 새로운 설명법을 시도해봐야겠다는 생각이 들었다.

"그러니까 전류를 물로 생각해보자고. 자, 여기 컵에 물이 있지? 이 컵을 기울이면 물이 어떻게 될까?"

"쏟아지겠죠."

"그래, 물이 쏟아질 거야. 왜? 왜 물은 위로 솟지 않고 떨어지기만 하는 거지? 바로 중력 때문인데, 물이 항상 높은 데서 낮은 곳으로 흐르는 것처럼 전류도 마찬가지거든!"

그녀는 중·고등학교 시절 수업을 떠올리며 선생님이 비교적 무식했던 자신들을 위해서 머리를 짜내어 전해줬던 비유적인 이야기들을 떠올렸다.

"아파트 지붕 위에 있는 물탱크에 물을 끌어올리려면 펌프가 필요해. 전류가 흐르는 것도 마찬가지야. 펌프 기능을 하는 것이 바로 전지지. 생각해봐. 물이 높은 데서 낮은 데로 떨어지면서 물레방아를 돌리지? 여기서 물레방아는 전구와 같은 것이야. 물레방아가 돈다는 건 전구가 켜진다는 것인데, 재밌지 않니?"

"아! 선생님, 그럼 수도꼭지를 잠그면 물레방아가 안 돌고, 전구에 전기도 안 들어오겠네요?"

"빙고! 그거랑 비슷한 거야."

간단한 원리를 빙빙 돌려 설명해야 하는 것이 현정에게는 더 머리 아픈 일이었다. 하지만 노력했고, 결국 꽤 성공을 거뒀다. 현정은 비유와 상징 기법으로 1년 이상 과외 아르바이트를 하면서 나름대로 대학생 강사치고는 유명세를 얻었다. 자칭 타칭 과외계의 신동으로 불렸을 정도니까! 이 방법은 비록 오해의 가능성이 있지만 완전히 이해하지 못하는 것보다는 낫다고 여겨졌다. 게다가 사실 따지고 보면 현재까지 과학적 발견이라는 것도 기호를 사용해서 풀어낸 정밀한 상징 아닐까? 현정은 '수학 없이 과학을 할 수는 없겠지만, 수학 없이 설명할 수는 있을 거야' 라고 생각했다.

※ ※ ※

"아하! 그랬군요. 눈에 보이지 않는 전기의 흐름을 실생활에서 흔히 접할 수 있는 물의 흐름으로 대치시키고, 전기 에너지의 차단을 수도꼭지를 잠그는 것으로 표현한다, 이렇게 하면 확실히 이해가 쉽겠군요."

"그래, 정확도는 좀 떨어지더라도 그렇게 설명하는 게 상호 소통이라는 측면에서는 훨씬 더 효과적이라는 거지. 그런 면에서 오늘 회의 시간에 가져온 네 자료는 아주 좋았어."

"후훗, 제가 안 해서 그렇지 하면 또 잘한다니까요?"

"그렇지만 아까도 말했듯이 자료만 가지고는 부족해. 그걸 전달하는 것을 넘어서서 거기서 뭔가 새로운 것을 창조해내기 위해서는 꾸준히 자기 표현력을 연습해야 해. 특히나 넌 문장력이 부족해서 정리한 자료를 통해 새로운 것을 뽑아내지 못하고 있어."

이공계 출신 커뮤니케이션 전략 7
Encoding, Decoding & Interpreting

가장 이상적인 커뮤니케이션은 커뮤니케이션에 참여하는 사람들이 모두 동시에 송신자이자 수신자가 되어 상호작용하는 과정이다. 보통 커뮤니케이션을 할 때 송신자는 자신이 전달하고자 하는 바를 기호—음성언어, 문자, 몸짓 등등—로 바꾸어 상대에게 전달하면, 수신자가 이를 받아 먼저 기호를 해독하고, 다시 기호에 담긴 메시지를 해석한다. 또 이와 연관된 자신의 생각을 다시 기호로 바꾸어 상대에게 전달하고 이 과정이 반복되며 커뮤니게이션이 이어진다. 즉, 송신자가 메시지를 기호로 바꾸어 전달하면 Encoding, 수신자는 기호를 해독하고 Decoding, 기호가 담고 있는 메시지를 해석한 Interpreting 뒤 다시 자신의 메시지를 담아 전달한다. 이 과정이 지속적으로 이어질지 멈추게 될지는 서로가 상대의 기호를 해독하고 의미를 해석하는 것의 성공 여하에 달려 있다.

따라서 효과적인 커뮤니케이션을 위해서는 일단 참여한 사람들이 동일한 기호를 사용해야 하며, 기호에 담긴 메시지를 같은 방식으로 해석할 수 있어야 한다. 상이한 언어를 쓰는 사람들 사이에서 지속적인 커뮤니케이션이 일어나기 힘든 이유는 서로 다른 언어 체계로 인해 해독이 불가능하기 때문이다. 혹 같은 언어를 사용하더라도 여기에 담긴 의미를 인식하는 방식이 다르면 해석은 불가능해진다. 이공계 출신이 사회생활을 하면서 접하는 문제 중 하나는 바로 이 '해석'의 문제이다. 보통 학문 분과마다 전문용어가 있는데, 전문화된 정도가 강할수록 그 용어들은 일상적인 의미를 잃어버리므로 이들 용어에 대한 이해가 필요하다.

같은 언어나 기호 체계를 사용하더라도 의미의 차이로 인해 나타나는 커뮤니케이션 오해를 방지하기 위해서는 상대의 해석 가능성을 고려해 기호화하는 버릇을 들여야 한다.

인터넷 시대의 커뮤니케이션, 글쓰기의 시작

표현정과 전이공은 많은 이야기를 나눴다. 하지만 첫술에 배부른 법이 어디 있으랴. 아직 전이공은 혼란스러운 듯했다. 일단 표현력의 필요성을 인식하고 자신의 커뮤니케이션 문제점을 깨달은 것만 해도 오늘의 대화는 큰 수확이었다. 특히나 전이공은 텍스트 기반의 커뮤니케이션, 즉 글쓰기에 있어서는 거의 백지 상태에 가까웠다. 게다가 애초에 이공계생이 왜 글을 써야 하는지에 대한 필요성 자체를 인식하지 못하고 있었다.

"아까도 말했듯이 새로운 것을 창조해내기 위해서는 꾸준히 자기 표현력을 연습해야 해. 특히나 넌 문장력이 부족해서 정리한 자료를 통해 새로운 것을 뽑아내지 못하고 있어. 한마디로 글쓰기가 전혀 안 된다는 거지."

"그건 당연한 거 아닌가요? 저는 세상에서 글쓰기가 가장 싫어요. 고등학교 때도 국어랑 문학이 싫어서 이과 간 거예요. 학교 다닐 때 언어영역 공부하느라고 얼마나 진땀 뺐는데요. 아마도 이과생 중에는 저 같은 애들이 대부분일걸요?"

"이과 출신 중에는 글쓰기를 죽기보다 싫어하는 사람이 많다는 건 나도 알아. 하지만 사회생활에서 싫다고 안 하면 그걸로 문제가 해결되디? 성공하기 위해서는 싫어도 해야 하는 게 어디 한두 가지야? 사회생활하는 데 글쓰기는 옵션이 아니라 기본 장착 아이템이야."

표현정은 와인을 한 모금 마시고는 계속 말을 이었다.

"특히나 앞으로 우리 팀에서 일하려면 계속 쏟아지는 게 문서 작성하는 일이야. 홍보 문구랑 제품설명서는 물론이고, 업무 계획서, 기안서, 제안서, 기획서… 엄청난 문서를 만들어야 하는데, 솔직히 말하면 네 문장력은 정말 바닥이야. 커뮤니케이션의 필요성을 인식하고 표현력의 중요성을 깨달았다면, 먼저 네 문장력부터 바로잡아야 해."

"도대체 어떻게요? 저는 글을 쓰려고만 하면 무섭기부터 한데요?"

"가장 중요한 건 역시 연습이지. 쓰고 또 쓰는 것."

"그거야 알지만 일하고 공부하고 놀기에도 바쁜데 어느 세월에 그걸 해요?"

"그러니까 사람은 전략적으로 생각해야지. 놀면서 생활하면서도 글을 연습하는 방법이 있잖아."

"그게 뭔데요?"

"네 블로그를 열어서 거기에 뭐라도 좋으니 글을 써보는 거지."

현정은 이공에게 블로그에 글을 써볼 것을 권했다. 현정 자신도 블로그 활동을 통해서 문장력과 표현력이 느는 것을 경험했기 때문이다. 또 텍스트뿐만 아니라 사진과 동영상도 올릴 수 있어서, 말과 다양한 표현 수단을 효과적으로 사용하는 것을 동시에 연습할 수 있었다.

"이공아, 백문이 불여일견이라고 일단은 블로깅부터 시작해봐. 나도 처음에는 일기 쓸 목적으로 블로깅을 했는데, 그러다보니까 어느 순간부터 자신감이 생기더라고. 조회 수가 늘고 댓글이 달리니까 자신감이 더 붙고, 재밌지 뭐야. 주변에서 잘 쓴다는 소리 들으니까 더 신나게 쓰게 됐고, 그게 내 표현력 향상의 계기였던 것 같아."

그날 밤, 집으로 돌아온 이공은 컴퓨터를 켜고 블로그에 접속했다. 이공도 블로그를 개설한 적은 있다. 하지만 개설만 되었다뿐이지 개점휴업 상태나 다름없었다. 방명록에 몇몇 지인이 다녀간 흔적은 있지만 간단한 안부 인사만 남겨져 있을 뿐이었고, 블로그는 텅 비어 있었다. 일단 이공은 방명록에 연결된 표현정의 블로그에 접속해보았다. 별이 빛나는 밤하늘을 바탕화면으로 한 그녀의 블로그가 떴다. 블로그 이름은 '밤은 낮이 꾸는 꿈, 그대는 나의 꿈'이었다. 이공은 표 선배한테 이런 로맨틱한 면이 있었나 싶어 피식 웃음이 나왔다.

"우와, 조회 수가 6만 5500건이네."

현정의 블로그에 올려진 글들은 조회 수가 굉장했다. 일부러 현정과 이웃을 맺고 그녀가 블로깅을 할 때마다 들어와서 글을 읽는 사람도 꽤 되는 듯싶었다.

"우와 표 선배, 파워 블로거였네. 몰랐는걸."

이공은 호기심에 현정의 블로그를 유심히 살펴봤다. 그녀의 블로그는 여러 개의 소게시판으로 나뉘어 있었고 게시판마다 글과 사진이 잘 정리돼 있었다. 몇몇 글은 퍼온 것이긴 했지만 직접 쓴 게 더 많았다. 대부분의 글마다 댓글이 달려 있었고, 현정은 여기에 다시 댓글을 달고 있었다. 내가 쓴 글을 누군가가 읽고 호평해준다니, 이공도 그런 경험을 자신의 것으로 만들고 싶어졌다.

"이렇게 글을 잘 쓰면 얼마나 좋을까. 정말 나도 블로깅을 하다보면 글 솜씨가 늘어날까? 그런데 도대체 뭐에 대해서 써야 하지?"

이공계생을 위한 글쓰기 팁 1
사건이 아니라 생각을 써라

인터넷 시대가 시작되면서 글쓰기의 중요성은 더욱 커지고 있다. 인터넷의 의사소통은 '문자화된 메시지'를 근본으로 하기 때문이다. 따라서 인터넷이 일상화된 현실에는 글을 쓸 수 있는 공간과 그 글을 가지고 소통할 수 있는 공간이 거의 무한대로 열린 것이나 다름없다. 즉 사이버 공간은 글쓰기 연습의 시초가 되는 공간이자 실력을 키울 수 있는 곳이다. 개인 홈페이지나 블로그에 글을 쓰는 것은 '21세기형 글쓰기'의 시작이다.

표현력을 키우고 싶다면 먼저 일기를 써보자. 일기가 표현력 향상에 도움이 된다는 것은 당연한 말이다. 운동을 매일 하면 체력이 좋아지고 영어 공부를 매일 하면 영어 실력이 늘듯이 자신의 일상을 매일 기록하다보면 표현 능력이 좋아질 뿐만 아니라 하루를 반성하고 더 나은 내일을 설계할 수 있는 토대가 된다. 그러나 대다수 사람이 일기를 쓰지 않는다. 귀찮다기보다는 매일 같은 일상이 반복되는데 굳이 기록할 필요를 느끼지 못해서이다. 어릴 적 처음 일기를 쓰기 시작할 때 '아침에 일어나서 밥을 먹고 친구들과 놀았다. 참 재미난 하루였다'로 며칠을 버티다가 그만둔 경험이 있을 것이다. 하지만 이것을 기억해야 한다. 일상은 반복될 수 있으나 생각은 반복될 수 없다. 특히나 시간은 절대로 반복되지 않는다.

문제는 고정관념이다. 우리는 어릴 때부터 일기를 마음에서 우러나서가 아니라 숙제로 억지로 썼기 때문에 뭔가 특별한 '사건' 중심으로 기술해야 한다는 고정관념을 자신도 모르게 갖게 되었다. 사건 중심으로 일기를 쓰면 특별한 사건이 일어나지 않는 경우 소재가 없어서 일기를 쓸 수 없게 된다. 대다수의 사람에게 일상은 매우 반복적이고 단조롭기 마련이니까. 하지만 일기를 사건 중심에서 '생각' 또는 '화두' 중심으로 바꿔보자. 다음의 두 일기를 비교해보면 참고가 될 것이다.

전이공(2010. 01. 22 21:54)

어제 대학로에 갔었다.
오랜만에 친구를 만나서
영화 '엔젤&데블'을 보았다.
그리고는 술 한잔하고 헤어졌다.
아 참, 영화는 재미있는 편이었다.

표현정(2010. 01. 22. 22:10)

어제 영화 '엔젤&데블'을 보았다.
영화는 할리우드 블록버스터답게 만들어졌다.
그런데 영화를 보면서 문득 종교와 과학이 과연
양립할 수 없는 존재인가라는 생각이 들었다.
종교는 믿음을 기반으로 하고,
과학은 논리를 기반으로 삼지만,
둘 다 불확실한 세상을 살아가는 인간이
부표처럼 떠돌지 않도록 하는
정신적 '닻'의 역할을 하고 있지 않은가...

내용은 모두 영화를 보았다는 것이다. 전이공은 "나는(누가), 어제(언제), 대학로에서(어디서), 친구와 시간을 보내기 위해(왜), 영화 「엔젤 & 데블」(무엇을)을 재미있게(어떻게) 봤다"고 사실 중심으로 썼다면, 표현정은 이런 내용 없이 영화에 대한 자신의 생각 또는 화두 중심으로 글을 쓴 게 큰 차이점이다. 사건 중심의 방식은 글을 단조롭게 만들고 사건이 일상적인 경우 지루함을 느끼게 한다. 반면 화두 중심의 글은 아무리 단조로운 사건이라도 얼마든지 생각하게 만들 수 있다. 영화 내용에 대한 코멘트를 달아도 좋고, 영화를 봤던 영화관에 대한 추억을 써도 좋다. 예를 들어 이 영화관은 내가 스무 살 때 첫사랑과 데이트할 때 왔던 곳이라서 다시 오니 그 사람 생각이 난다든지, 아니면 요즘 영화관은 좌석 팔걸이를 올릴 수 있게 되어 있어서 연인과 같이 오면 기대어 볼 수 있는 게 좋다든지, 영화관에서 매너 없이 휴대폰 받는 사람들에 대해서는 적당한 응징(?)을 해야 한다든지 등등, 같은 영화와 극장에 대한 이야기라도 얼마든지 풍부하게 이야깃거리를 만들어낼 수 있다.

중요한 건 사건이 아니라, 그것을 느끼는 당신의 생각이다.

신문기사와 같은 사실의 나열만으론 부족하다.
시인의 감성으로 글을 쓰라!

사건의 나열은 지루하고 단조롭다. 글쓰기의 기초는 '생각하기'라는 사실을 기억해야 한다.

거룩할 필요 없다, 소소할수록 읽힌다

"어때? 내 말대로 블로깅 좀 하고 있어?"

오전 커피 브레이크 시간, 표현정이 말을 걸어왔다.

"쓰긴 했는데 생각만큼 잘 안 되네요."

"그래? 그래도 시작이 반이니 된 거야. 그런데 뭐에 대해 썼는데?"

"어차피 글 쓰는 연습하는 게 회사에서 사람들이랑 커뮤니케이션하기 위한 거니까 회사 일에 도움되는 걸 쓰는 게 좋을 것 같아서 화장품이 우리 사회에서 가지는 함의에 대해 써보려고 했어요. 그런데 잘 풀리지도 않고, 막상 써놓고 보니 내가 봐도 너무 딱딱하고 재미없어서 도저히 못 올리겠더라고요."

"음, 너도 예외 없이 거룩병의 굴레에 발목을 잡히는구나."

"거룩병이라뇨?"

"거룩병이 뭐긴 뭐겠어. 말 그대로 글을 너무 거룩하게 쓰려고 하는 병이지. 이공계 출신들의 특징 중 하나는 글을 지나치게 '크게' 본다는 거야. 그래서 글의 무게에 짓눌려 제대로 쓰지 못해. 일단 이공계 출신만이 아니라 모든 사람과 소통하기 위해서는 글을 가지고 '놀아보는' 경험이 필요해."

"글을 가지고 놀아보라고요?"

처음부터 너무 큰고기를 잡으려고 하지 마라!

"넌 글에 뭔가 중요한 이야기를 담아야 한다는 강박관념이 있기 때문에 글쓰기가 힘든 거야. 일단 자신이 이제 막 말을 배우는 아기라고 생각해야 돼. 아기들이 말을 하면서 즐거워하는 건 말 속에 어떤 거창한 의미가 담겨 있기 때문이 아니야. 그저 말하는 그 자체가 즐거운 거지. 일단 우리처럼 글쓰기를 많이 해보지 못한 이공계 출신들은 글 쓰는 걸 편안하고 즐겁게 여기는 게 중요해. 그러기 위해서는 거룩병에서 벗어나서 소소하면서도 내가 잘 알 수 있는 주제부터 시작하는 게 좋아."

"그래도 모르겠어요. 구체적으로 예를 좀 들어주세요."

"어이쿠, 또 나왔다. 예시 들어달라는 것도 직업병인데 말이야. 아까 네가 쓴 글이 '화장품이 우리 사회에서 지니는 함의'였잖아. 이런 건 너무 거창해 보이니까 잘 써야 한다는 부담감이 생기고, 그래서 오히려 글이 잘 안 써져. 일단 소재를 한정해보자. 예를 들면 화장품 전체가 아니라 립스틱으로. 그리고는 립스틱에 연관되었던 생활 속의 일화를 생각해봐."

"음, 립스틱… 립스틱이라. 아, 이런 생각은 한 적 있어요. 영화 속에서 빨간 립스틱 바른 여자와의 키스신이 나올 때, 왜 남자 배우의 입술에는 저 립스틱이 묻어나지 않는 걸까, 라고 생각해본 적이 있거든요."

"좋았어, 그걸로 소재를 삼아서 쓰는 거야."

"그런 걸로 글을 쓰라고요? 그건 뭐랄까, 너무 허접하잖아요."

"그렇지 않아. 세상 모든 것은 글의 소재가 될 수 있으니까. 그리고 의외로 너 같은 생각을 하는 사람이 많기 때문에 이런 소재는 오히려 공감대를 불러일으킬 수 있어."

"그래도…"

"너무 허접하다고 생각되면 네 전공을 발휘해봐. 명색이 화장품 회사 직원인데. 여기서 네 글을 다른 사람들과 차별화시킬 수 있지. 단지 립스틱이 키스를 해도 왜 묻어나오지 않는지를 궁금해하는 것을 넘어서, 어떤 안료를 사용하면 그렇게 빨간색을 만들어낼 수 있는지, 립스틱이 묻어나오지 않게 하기 위해서 화장품 회사들이 어떤 기법을 연구하는지, 립스틱 성분은 정말 먹어도 괜찮은 건지 등등 얼마든지 쓸 수 있잖아?"

"아하~ 그런 방법이 있었군요."

"중요한 건 네가 쓸 수 있는 것을 쓰는 거지, 대단한 걸 써야 하는 건 아니야. 아마 립스틱에 대한 자료 조사를 했었을 테니 좋은 글이 나올 것 같은데."

"그래도 잘 모르겠어요."

"에휴, 그럼 본격적으로 글 쓰는 팁을 알려줄게. 일단 주제를 선정한 뒤 그것을 대표할 만한 소재를 정하는 거야. 네가 처음 선택한 주제는 '화장품이 우리 사회에서 지니는 함의'였지? 그런데 이렇게 커다란

이공계생을 위한 글쓰기 팁 2
중량감을 덜어내라

많은 이공계 출신들은 글을 쓴다는 것에 대해 지나치게 의미 부여를 한다. 그들에게 있어 무언가를 써본 경험은 실험 보고서, 학업 계획서, 논문이 전부다. 즉, 특정한 목적을 가지고 정해진 패턴에 맞는 것만 써왔기 때문에 글을 쓸 때에는 뭔가 주제가, 그것도 상당히 거창한 주제가 있어야 가치가 있다고 여긴다. 하지만 인간의 생에서 특별한 일은 그리 자주 일어나지 않는다. 이공계 출신들이 글을 좀더 편하게 쓰기 위해서는 먼저 '글에 담길 무게감'을 덜어낼 필요가 있다. 거대 담론이나 거대한 주제, 거룩한 표현 등에 대한 강박에 사로잡히면 제목만 써놓거나 겨우 한두 줄 써놓고 앞으로 못 나가는 경우가 많고, 설사 글을 쓴다 하더라도 누구나 아는 빤한 이야기 몇 가지 쓰고 나면 끝이다. 게다가 이렇게 쓴 글은 재미도 감동도 줄 수 없다. 그러나 글에 담길―담겨야 한다고 생각하는―중량감을 조금만 덜어내면 글쓰기가 훨씬 수월해진다. 주제를 거대 담론으로 잡지 말고 자신의 일상에서 일어나는 일이나 자신만의 독특한 시선을 풀어내는 것이 좋다. 글을 너무 거룩하게 볼 필요는 없다. 그저 가지고 놀아본다고 생각하자.

물론 이런 고정관념을 버리는 것은 생각보다 쉽지 않다. 만약 글에 담기는 주제나 소재가 너무 가벼워서 꺼려진다면, 가벼운 소재에 자신만의 특정 전공을 살려보자. 이공계 출신의 경우 자기 전공을 살리면 가벼운 글에 '지식'이라는 무게감을 덧붙이기가 훨씬 쉽다는 이점이 있다.

주제를 처음부터 하나의 글로 완결지어 쓰기는 아주 어려워. 그러니까 이 주제를 나타낼 만한 작은 소재들을 선정해서 소재 중심으로 글을 전개하는 게 좋아. 넌 이 주제를 풀 소재로 뭘 선택할래?"

"글쎄요, 화장품이 우리 사회에서 지니는 함의니까 색조 화장에서 시작해야겠죠? 화장은 자신을 과시하기 위한 것이니까요."

"색조 화장이라… 그것도 좋지만 너무 광범위해. 색조라고 하면 아이섀도? 립스틱? 블러셔?"

"여자들에게야 다 익숙하겠지만 남자들은 블러셔가 뭔지도 모를 걸요? 아이섀도도 낯설 거고. 립스틱이 가장 익숙하겠네요."

"자, 그럼 소재는 립스틱으로 정하자. 이렇게 소재가 확정되면 이제 글 쓸 '거리'를 찾아야 해. 립스틱 자체만으로는 글을 쓸 수 없는 거니까."

"립스틱에서 글 쓸 거리를 어떻게 뽑아내죠?"

"가장 좋은 건 네가 겪은 일을 쓰는 거야. 너, 립스틱과 관련된 경험 없어?"

"글쎄요, 제가 립스틱을 써본 적이 없어서요."

"꼭 써본 적이 없다고 경험이 없는 건 아니니까 잘 생각해봐. 아마 흥미로운 이야깃거리 한두 개는 떠오를 거야. 그러고는 글을 쓴다 생각하지 말고, 그걸 친구에게 얘기한다고 가정해봐. 즉 입에서 나오는 그대로 문자로 옮기는 거야. 어렵다면 말로 한 것을 녹음해서 글로 옮겨도 돼. 글은 안 써지더라도 의외로 말 잘하는 사람은 많거든."

그날 밤, 전이공은 표현정이 가르쳐준 대로 글을 쓰기 시작했다. 글을 쓰는 것이 아니라, 말로 하는 것을 문자로 옮긴다고 생각하니 부담감이 덜했다.

이공계 글쓰기 팁 3
부담감을 덜자, 글은 말과 형제이다

이공계 출신 중에는 글쓰기에 대해 지나친 부담감을 갖는 사람이 많다. 써보기도 전에 너무 어렵다며 거부감부터 나타내는 것이다. 하지만 이는 익숙지 않아서 그런 것일 뿐 누구도 태어나면서부터 글을 쓸 줄 아는 사람은 없다.

글을 좀더 쉽게 쓰기 위해서는 소소한 것, 잘 아는 것에서부터 시작하는 게 좋다. 먼저 쓰고자 하는 주제와 연관된 소재를 선정하고, 그에 대한 직접적인 경험을 글로 옮겨보는 것에서부터 시작하자. 글쓰기가 어렵다면 말을 한다고 생각해보자. 대부분의 사람은 말하는 데에는 큰 부담을 느끼지 않는다. 일단 말을 한 뒤 이를 문자로 옮긴다고 생각한다면 글쓰기에 대한 부담은 덜어진다. 친구와 편안하게 대화한 뒤 이를 녹취해 문자로 옮기면서 연습해도 좋다. 중요한 것은 글이란 '자신을 표현하는 수단'이므로, 누구나 자신을 표현할 수 있다면 글 쓰는 게 가능하다는 사실이다.

가제목 달기-
핵심 단어를
잡아보자

"어이, 전이공. 어제 블로깅 좀 했어?"

"아 네, 조금요. 쓰다보니 재미있더라고요."

"그래? 재미있다니 다행이네."

"그런데 선배, 사실 어제 글 쓰다가 잘 안 풀려서 선배 블로그에 들어가봤거든요. 그런데…"

"그런데?"

"선배가 립스틱에 대해 이미 글을 써놓은 게 있어서 그걸 봤는데요, 정말 깜짝 놀랐다니까요."

"아, 그거? 봤구나."

립스틱, 입술 위에서만 빛나라!

한 남자가 술에 취한 채 밤늦게 귀가한다. 아내는 그에게 오늘도 술타령이냐며 잔소리를 하지만, 매일같이 이어지는 술자리로 인해 남편이 건강이나 해치지 않을까 걱정이다. 그래서 서운하고 미운 마음을 꾹꾹 누르고 일단 내일 얘기하자며 이리저리 벗어던진 옷가지를 챙긴다. 그 순간 아내의 눈에서 불길이 일어나더니 잠든 남편을 거칠게 흔들어 깨운다.

여기서 퀴즈, 아내는 왜 갑자기 남편에게 분노가 폭발한 것일까? 드라마를 조금이라도 본 사람이라면 이 퀴즈의 답은 쉽게 예측할 수 있다. 답은 '남편의 와이셔츠에서 립스틱 자국을 발견해서'이다.

립스틱은 여성의 입술 위에 있을 때는 아름다움을 빛내는 도구가 되지만, 제자리를 벗어나 다른 곳에 묻으면 값어치가 뚝 떨어진다. 해맑게 웃는 그녀의 새하얀 치아에 립스틱이 묻어 있는 것을 생각해보라. 순간 립스틱은 고춧가루만큼이나 시각적인 공해가 될 수 있다. 그런데 뭐니뭐니해도 립스틱에게 있어 최악의 위치는 남성의 와이셔츠 가슴팍이다. 특히나 결혼한 남성이 이 부위에 립스틱 자국을 찍고 집으로 들어온 경우, 십중팔구 그 붉은색은 핏빛보다 더 붉은 자국을 남기기 마련이다.

비단 이런 경우가 아니더라도, 묻어나는 립스틱은 골치 아픈 존재임에 틀림없다. 그래서 화장품 회사들은 '묻어나지 않는 립스틱' 개발에 공을 들이고 있다. 립스틱이 묻어나는 이유는 오일 성분 때문이다. 오일 성분은 입술에 윤기를 더하고 보습력과 완료 발색도가 좋아서 립스틱에서 빼놓을 수 없는데, 그 특성상 고착력이 떨어져 잘 묻어나는 특성을 지닌다. 따라서 묻어나지 않는 립스틱은 이런 단점을 보완하고 발색을 유지하고자 경도가 강한 실리콘 폴리머와 휘발성 오일을 이용한다. 이렇게 만들어진 립스틱을 바르면, 순식간에 휘발성 오일은 증발해서 없어지고 대신 입술 위에는 실리콘으로 된 얇은 막만 남게 되는데, 이 성분은 경도가 강해서 잘 묻어나지 않는다.

처음에 이 제품이 등장했을 때는 묻어나지 않는다는 이유로 관심을 한 몸에 받았지만, 오일 성분이 모두 증발하기 때문에 입술이 건조해지고, 실리콘 폴리머의 경도가 너무 강해서 입술이 조이는 듯한 느낌이 들어 널리 확산되지는 못했다. 립스틱이 묻어나지 않는 것은 좋지만, 안젤리나 졸리처럼 통통한 입술이 아니라 쭈글쭈글 주름진 입술을 바라는 이는 없기 때문이다.
따라서 최근에는 이를 개선하기 위한 연구가 병행되어 립스틱을 한 번 바르고 그 위에 코팅하는 제재를 덧발라 묻어나지 않게 한다든가, 틴트처럼 입술을 물들이는 방식을 사용하는 등 다양한 방법이 제시되고 있다.

예전에 비해 묻어나는 것과 불편한 사용감을 줄이긴 했지만, 완벽하게 묻어나오지 않는 제품은 아직까지는 찾기 어렵다. 그러니 로맨틱한 키스를 원한다면, 혹은 키스 후에 그의 입술이 얼룩덜룩해지는 것을 원치 않는다면 키스 전에 살짝 립스틱을 닦아내는 센스를 발휘해주는 것이 어떨까. 그녀의 입술 위에서 예쁘게 빛나는 립스틱은 사랑을 불러일으키지만, 그의 입술에 지저분하게 묻은 립스틱은 오던 사랑도 도망가게 만들 수 있으니….

"도대체 언제 그런 글을 연습한 거예요? 내용도 내용이지만 특히나 그 제목, '립스틱 입술 위에서만 빛나라!'는 정말 멋지던데요. 어디서 카피라이터 공부라도 했어요?"

전이공은 표현정의 글에 감탄하고 있었다. 제목이 멋진 것도 놀라웠지만 남자들의 고민을 한 줄로 표현한 것이 대단하다고 생각했다. 한두 번 연습해서는 나올 제목이 아닌 듯했다.

"너무 비행기 태우지 마. 별것도 아닌 걸 가지고."

"선배, 그 글 제목 말이에요. 정말로 선배가 생각해낸 거예요? 어디서 따온 거 아니고요?"

"뗙, 어딜 하늘같은 선배님이자 팀장님의 글을 감히 의심하는 것이더냐?"

"아니, 그게 아니고요. 이런 제목은 생각해내기 쉽지 않잖아요. 선배, 솔직히 말해보세요. 어디서 이런 거 본 거예요?"

이공은 현정이 즐겨 보는 잡지나 책에서 차용한 말이라고 의심했다. 너무 멋있지 않은가.

"제목 맘에 들었어? 내 아이디어야. 다행이네, 좋아해줘서."

"정말요?"

"얘가 참, 뭘 먹고 이렇게 의심이 많아. 그거 내가 지어낸 거 맞아. 물론 하루아침에 나온 건 아니지만. 이공아, 그러고 보니 제목 뽑아내는 것도 내공이 있어야 해. 한 번에 나오는 줄 아니? 그거 원래 제목은 '묻어나지 않는 립스틱'이었어."

"'묻어나지 않는 립스틱'이라… 그건 정말 평범하네요. 평범한 제목을 달아놓으니까 글도 왠지 평범할 거 같아요."

"그치? 제목은 글의 얼굴이니까 정말 중요해. 하지만 멋진 제목이 처음부터 나오진 않아. 그 전에 먼저 가제목을 정하고 바꿔보는 연습이 필요해. 그래서 난 처음에 이 글의 제목을 '묻어나지 않는 립스틱'이라고 한 거야."

"그럼 진짜 제목은 어떻게 생각해낸 거예요? 저는 그 제목이 정말 맘에 들거든요."

이공은 현정이 글을 쓰다가 제목을 생각해냈다는 사실을 믿을 수 없었다. 솔직히 웬만한 독서량이 아니고서는 이공계 출신으로 그런 제목을 떠올리는 게 쉽지 않았을 것이다.

"잘 들어봐. 글을 써야겠다고 마음먹은 다음에 중요한 것은 제목을 다는 거야. 제목을 잘 지어야 글의 방향이 제대로 잡히거든. 이때 글을 쓰기 전에 다는 제목을 가제목이라고 해."

"가제목이요?"

"가제목은 내가 글을 쓰기 위해 중심을 잡는 제목이라고 생각하면 돼. 글을 쓰다가 오락가락하면 안 되잖아. 내가 왜 이 글을 써야 하는지, 나는 왜 이 글을 쓰고 싶었는지, 내가 글을 통해 알리고자 하는 게 무엇인지, 주장하는 바가 무엇인지가 가제목으로 설정되어야 해. 예를 들어 인터넷에 대한 글을 쓴다고 해보자. 하지만 인터넷에 관련된 소재나 내용은 아주 많아. 그럴 때는 글을 쓰기 전에 쓰고자 하는 내용을 간단하게 요약하고 시작하는 게 좋아. 예를 들면 '인터넷 신조어'라고 가제목을 정하면, 인터넷에 관련된 내용 중에 신조어에 관한 것만 추려내게 되지. 실제로는 이보다 더 구체적으로 정하는 게 좋아. 그냥 '인터넷 신조어'가 아니라 '인터넷 신조어가 일상 언어에 미치는 영향'이라든가 '인터넷 신조어로 인한 세대 차이' 등으로 말이야. 이렇게 쓰려고 하는 글의 내용을 간략하게 정리해서 가제목으로 정해두면 글을 쓰면서 일관성을 유지할 수 있어."

"아, 그렇군요. 저는 글을 쓸 때 제목을 잘 안 달고 썼거든요. 제목 달기가 제일 어려워서요."

"그건 처음부터 진짜 제목을 정하려고 해서 그래. 일단 가제목을 정하고 그 안에서 글을 쓰는 거야. 가제목은 글이 다른 곳으로 튕겨나가지 않도록 단속하는 역할을 하거든. 하지만 가제목이 최종 제목이 되는 것은 그리 바람직하지 않아."

"그럼 제목을 두 번 달아야 한다는 건가요?"

"그래, 글을 쓰기 전에 한 번, 글을 쓰고 나서 한 번. 이때 글을 쓰기 전에 짓는 가제목이 나를 위한 제목이라면 진짜 제목은 읽는 사람을 위한 것이지."

이공계생을 위한 글쓰기 팁 4
가제목을 잡아라

제목 달기는 중요하다. 제목이 글의 50퍼센트를 차지하기도 한다. 이것을 어떻게 잡느냐에 따라 글이 읽히느냐 읽히지 않느냐가 결정되기 때문에 어떤 이들은 실제 내용보다 제목이 더 중요하다고 말하기도 한다. 물론 내용 없는 제목은 '낚시질'로 평가받기도 한다. 그러나 낚시질이란 단어 자체가 제목의 중요성을 말해주는 반증이기도 하다.

구체적인 제목을 정하기 전에 일단 가제목부터 잡는 연습이 필요하다. 진짜 제목은 가장 나중에 다는 것이 글 내용과 제목을 일치시키는 지름길이나. 가상 쉬운 방법은 제일 처음에 생각했던 제목을 그대로 가제목으로 잡고 쓰는 법이다. 특히 글을 쓰는 목적이나 이유, 글을 통해 주장하는 바를 가제목으로 잡는 것이 좋다. 그러나 가제목은 어디까지나 가제목에 머물러야 한다. 물론 간혹 실제 제목으로 이어지기도 하지만 조금 심심해지는 것을 감수해야 한다.

가제목을 달고 글을 다 쓴 후 다시 한번 읽어보면서 제목을 최종적인 것으로 뽑아내야 한다는 점을 명심해야 한다. 제목은 당연히 간결할수록 좋다. 가장 좋은 가제목을 하나의 선언적 문장으로 구성하는 것이다.

[이공계 글쓰기 사례]
아래는 유명 과학기술인들의 모임에서 발췌한 제목들이다. 모두 사이트 게시판에 포스팅된 글로서 '완성된' 제목들이다.

· [칼럼] 과학 국정, 필수인가 선택인가
· 기술은 사오면 된다?

- 국민 관심 없는 과학 데이
- 한국 최초 우주인 탄생하다
- 북한 인공위성 발사가 주는 시사점
- '글로벌 과학도시'가 대전의 미래
- 과학기술로 창업·일자리 르네상스를…
- 과학관, 자연사박물관, 그리고 우리의 현실
- 과학기술인이 보는 금융위기
- 서울지하철 풍력발전, 타당성 없다

이 제목들은 사실 진짜 제목보다는 '가제목'에 적합한 것들이다. 사람들에게 읽히기 위한 제목은 예를 들어 '대형마트에서 기술도 팔까?' '과학, 홀로 맞이한 생일파티' 등의 약간 도발적이지만 쉽게 읽힐 수 있는 것이 좋다.

프로필 사진 찍는데 이렇게까지 해야 해?
- 무슨소리! 제목이 젤 중요하다는 거 몰라?

사공이 많으면
배가
산으로 간다

"어! 돌아가셨네. 왜 모르고 있었지?"

전이공은 사무실에서 인터넷으로 뉴스를 검색하다가 자기가 좋아하던 SF 작가 아서 C. 클라크 타계 1주년이 됐다는 소식을 접했다. 그의 소설을 직접 읽어본 적은 없지만 대학 때 비디오로 스탠리 큐브릭 감독이 만든 영화 「2001 스페이스 오딧세이」를 본 건 아직도 생생하게 기억하고 있다. 그가 타계한 것도 몰랐는데 벌써 1주기라니.

이공은 현정에게 메신저로 말을 걸었다.

[이공] 스페이스 오딧세이 본 적 있어요?
[현정] 2001 스페이스 오딧세이? 물론이지.

[이공] 원작자가 지난해 타계했네요.

[현정] 아서 클라크. 몰랐어?

[이공] 그럼 알았어요?

[현정] 물론이지.

[이공] 그래요? 전 지금 알아서 말씀드리는 건데. 정보가 빠르시네요.

[현정] 작년에 '영화21'에서 아서 클라크 특집 기사 다뤘거든. 궁금하면 인터넷 들어가봐. 지금도 있을 테니.

[이공] 영화21도 구독해요?

[현정] 아니, 지하철에서 가끔 사봐.

[이공] 사이언스 잡지만 보는 줄 알았는데 영화 잡지도 사서 보나봐요?

[현정] 너 영화 좋아한다면서 영화21은 잘 안 봐?

[이공] 좀 어려워서요. 글이 너무 현학적이고, 어디서 베낀 것 같기도 하고. 보는 사람들만 보게끔 글을 쓰는 것 같은 느낌이 들어요. 그거 영화 마니아들만 보는 거 아닌가요?

[현정] ㅋㅋ

[이공] 왜요?

[현정] 꼭 이공이 네 글 얘기하는 것 같아서. 너도 너 하고 싶은 말만 하잖아. 남들 이해하기 어렵게.

[이공] --;;

[현정] 미안. 오해 말라고. 오늘 저녁 때 터미네이터 4편 어때? SF 영화 좋아하지?

[이공] 그럼요.

[현정] 그럼 같이 가자.

[이공] 야근은 어쩌고요?

[현정] 팀장이 가자는데 감히 대리께서 토 달기는. 저녁 간단히 먹고 7시 반쯤 나가자. 회사 근처에 있는 JGV 표 사놓을 테니까.

[이공] 땡큐 베리 마치입니다. ㅎㅎ

현정과 이공은 「터미네이터 4」를 본 후 맥주 한잔하기 위해 호프집으로 향했다.

"영화 어땠어?"

"재미는 있었는데, 좀 허무맹랑해요. 역시 형만 한 아우 없다고 터미네이터 1, 2편을 못 따라가네요."

"그래도 볼거리는 충분했던 것 같은데. 드라마에도 나름 공을 들인 흔적이 역력하고."

"그렇긴 하더라고요. 초대형 로봇, 오토바이 로봇, 해저 로봇 등

이공계 글쓰기 팁 5
쓰고 싶다면, 먼저 읽어라!

맛있는 음식을 만들기 위해서는 먼저 맛있는 음식을 먹어봐야 한다. 맛도 알지 못하면서 음식 맛을 내는 것은 어렵다. 마찬가지로 좋은 글을 쓰기 위해서는 먼저 좋은 글을 읽어야 한다.

남의 글을 읽는 것은 제일 먼저 지식과 생각을 넓히는 데 도움을 준다. 글은 '생각'을 쓰는 것이므로, 생각의 넓이가 깊고 크면 그만큼 다양한 글이 나올 수 있다. 이런 점에서 신문은 많은 도움이 된다. 신문을 처음부터 끝까지 매일 30분 정도 정독하는 습관을 들이면 다양한 분야의 시사 상식이 늘고 자신의 생각을 정리하는 데 도움이 되며 어휘력이 늘어날 뿐만 아니라 표현력도 크게 향상되기 때문이다. 특히 신문 1면부터 끝까지 훑어보기라도 하는 것이 중요하다. 보통 이공계 출신은 자신이 일하고 있는 해당 산업, 과학 분야나 재미있는 스포츠, 연예오락 지면만 읽는 습관이 있는데 이는 지식 범위를 더욱 협소하게 할 뿐이다.

최근 인터넷으로 뉴스를 보는 네티즌이 크게 늘어나면서 신문을 전혀 읽지 않는 사람도 늘고 있다. 신문을 매일 읽을 수 없다면 월간지나 주간지 등 잡지를 읽는 것도 대안이 될 수 있다. 잡지는 이미지 중심의 편집을 하는 데다 글의 분량이 많지 않고 심층 분석 기사가 있기 때문에 신문 읽기의 대안이 될 수 있다. 자신의 취미와 관련된 잡지도 접하기 쉬울 것이다. 잡지를 고를 때는 종류를 가려서는 안 된다. 남성지, 여성지, 패션잡지, 영화잡지, 시사잡지, 과학잡지 모두 상식을 넓히고 표현력을 키우는 데 도움이 된다.

두 번째로 '읽기'는 자연스럽게 문장력을 기르는 데 도움이 된다. 인쇄되어 출판되는 과정을 통해 개인의 글은 여러 번의 교정 과정을 거치게 되는데, 이 과정에서 맞춤법에 맞지 않거나 어색한 문장은 수정되기 마련이다. 글쓰기가 두려울 때는 잘 다듬어진 문장을 그대로 응용하는 것도 좋은 방법이다. 표절은 범죄가 되지만, 연습용으로 문장을 모방하는 것은 하등 문제가 되지 않는다.

다양한 터미네이터가 등장하는 것도 흥미롭고요."

"근데 나 같은 터미네이터 마니아들을 충족시키기엔 역부족이었던 것 같아. 주인공 존 코너의 존재 가치가 뭔지도 잘 모르겠고. 영화 초반의 스펙터클이 후반 스카이넷 기지 안으로 옮겨가면서 단순해진 것 같고. 특수효과는 괜찮았지만 이제 그 정도로는 관객들 눈 충족시키기가 쉽지 않을 텐데 말이야."

"그러게 말이에요."

"마지막에 스카이넷이 파괴되는데 결국 스카이넷이 네트워크로 연결돼 있다는 것 정도가 새로웠을까?"

"선배, 하나 물어볼 게 있는데요, 선배는 영화 볼 때 항상 그렇게 심각하게 보나요? 그럼 머리 아프지 않아요? 영화는 재미로 봐야죠, 너무 생각하지 말고."

"너 이공계 맞아? SF 영화는 해석하며 봐야 더 재미있을걸?"

"전 사양할래요. 머리 아픈 건 딱 질색이거든요."

"하지만 그렇게 생각하는 습관이 좋은 글을 쓸 수 있게 하는 밑바탕이 되는 건 사실이야. 글을 쓸 때 소재가 아니라 생각을 쓰라고 했지? 그런데 그런 생각도 훈련이고 연습이거든. 평소에 생각하는 연습을 하지 않는다면 어떤 소재를 접했을 때 그와 관련된 기발한 아이디어가 갑자기 떠오를 순 없지."

"생각도 연습을 해야 한다고요?"

그날 밤, 이공은 잠자리에 누웠지만 어쩐지 쉽게 잠들지 못했다.

'생각도 연습을 해야 한다.'

그는 표현정의 말을 되뇌었다.

'돌이켜보면 그동안 참 멍하게 보낸 시간이 많았어. 여가 시간에 기껏 게임하거나 TV 보는 게 다였으니까. 그래도 대학생 때는 영화라도 보러 다녔는데 요즘에는 그저 피곤하다는 핑계로 쉬는 날이면 낮잠이나 자는 게 전부였으니, 요즘 들어 점점 머리가 굳어가는 거 같아.'

이공은 오지 않는 잠을 억지로 청하기보다는 시간을 좀더 의미 있게 보내기로 했다.

'어차피 잠도 안 오는데 블로그에 영화평이나 좀 써볼까? 글도 자꾸 써봐야 늘고, 생각도 연습해야 기발해진다니 오늘부터라도 한번 해보자고.'

터미네이터 : 미래 전쟁의 시작을 보고 나서

큰 상영관에서 봐서 그런지 시작부터 재미있게 감상했다. 터미네이터 2를 넘어서진 못했지만 여름용 액션으로는 괜찮았던 것 같다. 그런데 영화 중간에 게임 속에서나 볼 만한 장면들이 등장해서 놀라웠다. 터미네이터의 기계음도 너무 크게 들렸다.

하지만 영화관은 별로였던 것 같다. 앞에 앉은 사람의 키가 너무 커서인지 잘 보이지 않았다. 조금만 더 가면 새 영화관에 갈 수도 있었는데 회사 마치고 빨리 봐야 해서 JGV에서 봤다. 다음부터는 웬만하면 JGV에 가지 않을 것이다. 오랜만에 갔는데 시설이 별로인 것을 이번에 처음 알았다. 팝콘 파는 데도 없고 상가에 두 개 층을 쓰기 때문에 그런 것 같다. 그나마 호프집이 같은 건물에 있는 것은 다행이었다.

영화에서 가장 인상적이었던 장면은 기계들이 네트워크를 이용한다는 점이었다. 내가 네트워크에 관심이 많기 때문에 그 장면이 특히 눈에 들어왔다. 미래 전쟁의 끝이 아니라 시작을 의미하는 것이기 때문이다. 또 영화 중간에 주파수를 교란하는 장면도 나오고 카일리스를 구하기 위해 마커스가 데이터를 전송하는 장면도 나온다. 그럼 그 주파수는 어떤 대역일까? 주파수를 이용한다는 생각은 기발했다. 미래에서도 800Mhz 대역을 쓸까? 아니면 700Mhz 황금 주파수를 쓰게 될까? 중간에 터미네이터를 교란시키기 위해 히든 주파수도 나오는데 기발한 아이디어다.

[표현정의 잔소리]

이공의 영화평을 보면 영화 감상문을 쓴 것인지 영화관에 대한 불만을 터트린 것인지 주파수에 대한 얘기를 쓰고 싶어한 건지 모를 정도로 뒤섞여 있다. 두서없이 생각을 그대로 적다보니 나타나는 현상이다. 하나의 글은 하나의 주제로 일관되게 전개하는 것이 좋다. 특히 인터넷 글쓰기는 중간에 다른 생각이 나면 그대로 빨려 들어가기 쉽다. 그러다보면 글을 쓰는 관점이 흐려지고 만다. 위의 글에서는 영화관 얘기는 쓰지 않는 것이 좋았다. 또 영화평 중에서도 앞부분(단순한 감상평)과 뒷부분(주파수 관련 이야기)의 수준이 차이가 난다. 터미네이터와 주파수 관련 글을 따로 쓰는 것이 글을 더 깔끔하고 보기 좋게 구성할 수 있을 것이다.

우리 편 아니면 전부 나쁜 놈?

요즘 전이공 대리는 블로깅에 푹 빠졌다. 늦게 배운 도둑질에 날 새는지 모른다는 말이 실감이 났다.

"아, 어젯밤에는 30명이나 왔다 갔군. 하하하! 오늘은 무슨 글로 사람들의 마음을 사로잡을까?"

컴퓨터 앞에서 일 빼고는 게임밖에 할 줄 몰랐던 전이공은 자신의

한 방향으로 집중하라!!

블로그에 방문하는 사람 수를 보고 댓글을 보는 재미로 밤을 새우기 일쑤였다.

'낮에는 화장품 회사 홍보, 저녁에는 막강한 영향력을 행사하는 블로거! 피곤하지만 국가와 민족을 위해서 내가 좀 희생해야지. 으하하하!'

자만에 빠져 독백을 하다가 시계를 보니 벌써 새벽 4시였다.

"벌써 네 시네. 내일은 출근 안 해도 되는 토요일이니 이 정도는 괜찮겠지."

그는 조금 전에 무려 다섯 시간을 투자해 글 한 편을 마쳤던 터다. 가히 심혈을 기울인 작품이라 할 수 있었다. 근무 없는 즐거운 토요일, 한숨 자고 일어난 전이공은 다시 컴퓨터를 켰다.

"어디 블로그에 올린 내 새끼들, 오늘은 얼마나 인기를 끌었을까나?"

전이공은 아이디와 비밀번호를 입력하고 엔터키를 눌렀다. 컴퓨터 모니터에 작은 창이 떴다. 그는 곧 눈이 휘둥그레졌다. 하루에 30명이 최대 히트 수였던 그의 블로그에 불과 몇 시간 만에 200명이라는 사람이 다녀갔던 것이다.

"그럼 그렇지. 난 이제 직업을 바꿔야 할지도 몰라. 대한민국 척~오'의 칼럼니스트가 될 거야."

흑백논리에 빠진 전 대리

전이공은 두근거리는 마음으로 자신이 새벽에 남긴 글을 클릭했다. 댓글이 40개나 달렸기 때문이다.

"으악~"

그런데, 웬일일까? 전이공은 비명을 지르고 말았다. 그의 표정은 굳어졌고 온몸에는 소름이 돋았다.

"이게 어떻게 된 거지? 다 악플이잖아!"

그랬다. 40개의 댓글이 모조리 악플이었다. 그중에서 30개는 댓글이라고 하기에도 민망한 욕설이었다. 체계적으로 댓글을 단 사람들도 하나같이 전이공의 글에 대해서 조목조목 짚어가면서 항의를 하고 있었다. 전이공이 새벽에 올린 글은 바로 광우병과 관련된 글이었다. 광우병 사태가 지난 지 한참이라 당시의 내용을 떠올려 글을 올린 것이다. 다음은 전이공이 올린 글 중의 일부이다.

> 사람들은 자신이 모르는 것에 대해서 모른다고 하지 않는다. 그저 여기저기 목소리 큰 사람의 말에 휩쓸리는 것이 안타깝다. 나는 생화학을 전공했고, 화장품 회사에서 일을 한다. 따라서 생물, 화학 등에 대해서 나름대로 지식을 가지고 있다고 생각한다.
> 그런 의미에서 내가 보기에 지난해 광우병 열풍은 약간 '오버'스럽다는 생각이 든다. 광우병 쇠고기를 직접 먹은 것도 아닌데, 사

람들은 정치 논리에 광적으로 놀아나고 있는 듯 보인다.

상식적으로 생각해보자. 광우병, 정확히 말하면 BSE에 걸린 쇠고기를 먹고 인간 광우병이라 불리는 vCJD(변형크로이츠펠트야콥병)에 걸린 사람이 몇이나 있던가. 지난 1980년대 중반 처음으로 소의 BSE에서 유래된 vCJD 환자가 발견된 이래, 20년간 이로 인해 사망한 사람은 전 세계적으로 200명 남짓이다. 우리나라엔 한 명도 없다. 지난 2007년 한 해 동안, 전 세계도 아니고 우리나라에서만, 그것도 다른 원인 다 제쳐두고 교통사고로 사망한 사람만도 6000명이 넘는다. 아직 우리나라에 한 명도 없는 vCJD로 사망할 것을 걱정해 쇠고기를 먹지 않는다고 한다면, 같은 논리로 따지는 경우 한 해에만도 6000명이 넘는 사람들을 죽이는(?) 자동차는 당장에 폐기되어야 할 것이다. (…)

현대는 과학사회라고는 하지만, 이 사회에서는 과학적 논리가 전혀 통하지 않는다. 그 이유는 무엇보다도 사람들이 과학에 대해 너무나도 모르기 때문이다. vCJD와 교통사고, 어느 것이 더 위험한가? 과학적 지식에 대해서 한 번도 제대로 공부한 적 없이 정치 논리에만 휩싸이다니 역시 대중의 과학적 지식수준은 너무도 낮다. 과학적 사건은 과학적 지식과 방식으로 접근해야 하는데, 그것이 전혀 이루어지지 않고 있다.

전이공의 머릿속은 하얘졌다. 그가 댓글을 확인하는 중간에도 악플은 계속 달리고 있었다. 알고 보니 전이공의 블로그 히트 수가 높아지자, 블로그가 소속된 포털에서 그의 글을 메인에 띄웠던 것이다. 블로그질 몇 개월 만에 포털 메인에 등극한 것은 기쁜 일이나, 그로 인해 전이공의 블로그는 실시간 융단폭격을 맞고 있었다. 처음에는 단순히 기분이 나쁜 수준이었으나 악플이 끝없이 이어지자 슬슬 걱정이 되기 시작했다.

'이거 어째야 하나. 반응들이 왜 이렇게 격한 거야? 이러다가 테러라도 당하는 거 아냐? 내 개인 정보에 회사 이름까지 써놓았는데, 혹시 불매운동이 일어나면 어떡하지?'

별별 고민이 다 생겨나기 시작했다. 악플로 인해 상처받고 심지어 자살까지 한 사람들도 있다더니 막상 당해보니 정말 무서웠다. 한편 억울한 생각도 들었다.

'내가 뭘 잘못했다고 이러는 거야? 내 말이 틀린 게 어디 있다고?'

그렇게 투덜댔지만 걱정은 수그러들지 않았다. 슬슬 재미를 붙여가고 있던 블로그도 폐쇄해야 하는 건 아닐까, 걱정도 되었다.

세상에는 '좋은 놈'과 '나쁜 놈'뿐일까?

전이공을 향한 사이버 융단폭격은 블로그를 비공개로 바꾸면서 일단 소강 상태에 들어갔다. 기분 좋은 토요일을 악플 테러로 망쳐버린 전이공은 고민 끝에 신문사에 다니는 친구 손오공에게 전화를 했다. 학교 다닐 때부터 사회 문제에 관심이 많았고, 이공계 출신으로는 드물게 언론사에 들어간 친구라 고민을 나눌 수 있을 거라 생각했던 것이다.

"어이, 전이공. 오랜만이다. 잘 지내냐?"

"간만에 전화 걸어 할 말은 아니지만, 그다지 편치는 않구나."

"왜, 무슨 일이야? 팀장이 갈구디?"

"그게 아니고 오공아, 큰일이다. 내가 광우병 관련해서 글을 올렸는데, 한번 내 블로그 들어와서 봐주라. 과학적 사건에 대해서 과학적으로 답했다고 이렇게 달려들어서 물어뜯는 거 봐라. 이거 심각한 문제 아니냐?"

"무슨 얘긴지 이해가 잘 안 간다. 일단 블로그 들어가보고 다시 얘기하자."

"그래, 비공개로 해놨는데 잠깐 열어둘게. 한번 보고 얘기해줘."

잠시 후, 손오공이 다시 전화를 걸어왔다.

"어, 이공아 나다. 네 블로그 봤다."

"봤어? 어때 보여? 심각하지?"

"겨우 그 정도 가지고 뭘 그러냐. 더 심한 악플도 많은데 약과지."

"너, 남의 일이라고 쉽게 말하는 거 아니다."

전이공은 약간 퉁명스런 어투로 대답했다.

"남의 일이 아니라 진짜 그렇게 생각해서 하는 말이야. 기자 일 수삼 년 겪고 나니 저 정도 악플은 귀여운 수준이더라. 그리고 애초에 이런 글을 인터넷이라는 '강호'에 올렸을 때는 그 정도 평지풍파는 예상했어야지."

"뭐라고? 그럼 내가 잘못했다는 거야?"

"네 얘기가 틀렸다는 게 아니라 리플을 잘 봐라. 욕설은 생각하지 말고 제대로 반박한 리플들 말이야. 그 사람들은 네가 한쪽 측면에서만 이야기한다고 말하고 있잖아. 그리고 그건 맞는 말이야. 네 글을 보면 전문가의 얘기는 진리, 나머지 사람들의 견해는 모두 틀렸다는 듯한 태도가 느껴져. 사람들은 그 적대적인 태도에 반응한 거라고."

전이공은 잘 알아듣지 못했다.

"간단히 말해서 넌 흑백논리에 빠져 있는 거야. 세상이 단 두 종류뿐이라는 거지. 이거 아니면 저것만 있다는 건데, 어릴 때 생각해봐. 로봇 태권V에 동조하는 사람들은 우리 편, 나머지는 다 나쁜 놈이었지? 네 주장도 마찬가지처럼 보여. 넌 여러 가지 의견 중에 네가 동의하는 한 의견의 편을 들고 있고, 그렇지 않은 주장은 모두 허무맹랑한 것이라고 하고 있거든. 너무 네 주장만 너무 일방적으로 드러나 있어. 특히

흑백논리로부터 벗어나라!

나 과학적 측면에 대한 것만."

오공의 설명을 들으면서 전이공은 다시 한번 자신의 글을 차근차근 살펴보기 시작했다. 전이공의 글은 과학적 지식에서 출발하고 있었다. 그는 과학은 절대적인 진리라고 믿고 있었다. 애초에 과학적 지식이라는 것이 틀릴 수도 있다는 생각은 전혀 못 했던 것이다. 하지만 과학적 지식도 인간이 찾아낸 것이므로 얼마든지 잘못될 수 있다. 과학 자체가 진리가 아니라는 말이 아니라 '우리가 알고 있는 지식'이 진리와 거리가 있을 수도 있다는 뜻이다. 하지만 전이공의 글에서는 이러한 사실은 전혀 고려되지 않고 있었고, 과학적 지식의 중요성을 간과하는 이들을 무시하는 투가 드러나 있었던 것이다.

손오공의 설명으로 약간의 여유를 되찾은 전이공은 자신의 글이 정말로 흑백논리에 치우쳐 있는지 궁금해졌다. 전이공은 국어사전을 펼쳐 '흑백논리'를 찾아봤다. 국어사전에는 이렇게 쓰여 있었다.

흑백논리: 모든 문제를 흑과 백, 선과 악, 득과 실의 양 극단으로만 구분하고 중립적인 것을 인정하지 아니하려는 편중된 사고방식이나 논리

"흑백논리는 경우에 따라서 사물을 이해하는 데 도움이 될 수 있어. 그러나 그렇게 구분한 뒤 다시 여러 개로 나누면서 다양한 각도로

접근해야 하거든. 나도 신문사에 처음 들어왔을 때 엄청 깨졌어."

오공은 전자공학을 전공했던 터라 세상이 '0'과 '1' 뿐이라고 생각한 적이 있다. 그래도 대학 3학년 이후 동아리 활동 하면서 읽었던 사회과학 서적 덕분에 사고의 틀을 어느 정도 깼다고 생각했지만, 그 역시 흑백논리에 익숙해 있었던 것이다.

"내가 흑백논리, 이분법적 사고를 깨려고 노력한 방법이 있는데, 술 한잔 산다고 하면 알려주지. 하하."

"알았다. 어쨌든 그게 궁금하기도 하지만 오늘 얘기해준 것이 고마워서라노 한 턱 쏠게."

사물의 다양한 측면을 보자

"일단 '세상에 정답이 있다'는 편견은 버려. 사실 우리가 학교에서 실험하면서 실험 결과가 교과서랑 똑같이 나온 적이 있었냐? 나오면 이상한 거였지. 그래서 어떻게든 실험 결과를 끼워 맞추려고 했잖아. 과학적 지식도 결국 확률적인 것이라고 보면 접근이 조금 편해질 거야."

일주일 뒤, 전이공을 만난 손오공은 이런 말로 대화를 시작했다.

"수평선 넘어서 절벽이 있는 게 아니라 더 넓은 바다가 있잖니. 무지개에 빨간색과 파란색만 있는 게 아니고 여러 색깔로 이뤄진 것처럼 말이야. 광우병이든 뭐든 간에 어떤 사건에는 여러 가지 고려해볼 만한 측면이 있다는 거야. 이 문제는 과학적 문제에서 시작됐지만 과학적 지식만으로 해결될 것은 아니야. 정부에 대한 신뢰의 문제였고, 국민들의 정서를 오독한 문제로 읽힐 수도 있는 거지."

오공의 말대로라면, 광우병에 대한 과학적 지식뿐 아니라 언론 등을 통해서 퍼진 얘기도 꼼꼼하게 살펴봤어야 했다. 전이공이 보기에도 오공의 생각이 맞는 것 같았다.

"오공이 네 말이 맞다. 사실 학자들 사이에서도 과학적 발견이나 이론에 대해서 다양한 의견이 나오거든. 나도 해외 저널을 가끔 보지만, 논쟁 붙는 게 다 그런 이유 아니겠니? 인정한다."

오공은 한발 더 나아가 조언을 했다.

"솔직히 네 생각이 흑백논리에 빠져 있든 이분법에 빠져 있든 평소에는 아무런 문제가 되지 않아. 다만 그걸 말이나 글로 표현하는 순간, 세상을 둘로 나눠서 옳고 그름으로 단정하게 되는 것이거든. 민주주의 사회에는 다양한 의견이 존재하는 것이고, 설사 상대방이 틀렸다고 해도 정확한 근거를 통해서 주장하지 않으면 결국 모두가 불편해질 수밖에 없어."

전 대리는 광우병에 대한 다양한 시각이 있다는 것을 들어본 적은 있지만 불필요할 것 같기도 했고, 사실 글을 쓸 때 귀찮아서 빼고 본론만 전개했다. 그래도 될 것 같아서였다.

이어서 손오공은 일기가 아닌 이상 글을 쓸 때에는 독자를 고려해야 한다는 충고를 해주었다. 오공과의 대화를 통해 이공은 일방적인 주장은 공허할 뿐이며, 글을 통해 누군가에게 자신의 의견을 정확하게 전달하려면 단순하게 내뱉듯이 글을 쓰는 것이 아니라 인터넷 검색 수준 이상의 자료 찾기와 다양한 입장에 대한 고려가 필요하다는 것을 절실히 깨달았다. 이공은 뭔가 새로운 것을 배운 느낌이었다. 불판 위에서 지글지글 익어가는 삼겹살과 소주가 아깝지 않은 새로운 사실을 말이다.

이공계생을 위한 글쓰기 팁 6
흑백논리를 피할 수 있는 방법, 易地思之

중고등학교 논술 수업에서 피해야 할 글쓰기 방법으로 반드시 지적되는 것이 바로 흑백논리다. 세상을 단순하게 두 개로 나누는 방식은 편리할지는 몰라도 받아들이는 쪽에서는 소통을 하지 않겠다는, 그래서 자신의 생각만을 쏟아내겠다는 뜻으로밖에 보이지 않는다. 이 같은 이분법, 흑백논리를 극복하는 방법으로는 '역지사지易地思之'의 자세가 필요하다. 상대방을 비난하는 식으로 단순히 뱉어내는 글이 아닌 설득을 위한 글이라면 상대의 입장이 되어보는 것이 필요하다.

그쪽 입장에 서서 내 논리를 반박해보자. 혹 상대방 입장을 잘 모르더라도 내 논리의 약점은 쉽게 파악할 수 있다. 일단 내 논리의 한계점을 한 발짝 떨어져서 본 뒤에, 그것을 수정하고 그다음 상대방의 주장에 대해서 귀를 기울이면 된다. 나의 약점을 수정하고 상대방 입장의 장단점을 파악하는 순간 흑백논리에 빠지는 오류를 피할 수 있을 것이다.

박쥐는
어느 편으로부터도
환영받지 못한다

지난번 일로 약간 의기소침해진 전이공. 광우병 관련 글을 블로그에 올렸다가 악성 댓글을 몇 개 받은 것은 일도 아니었다. 그때 전이공은 같은 내용의 글을 블로그뿐 아니라 포털사이트의 일반인 참여 게시판에도 올렸다. 그때까지만 해도 그는 자신의 글이 가져올 파장을 전혀 예상하지 못했다. 자신의 글을 지인들이 주로 찾아오는 개인 블로그가 아니라 공공 게시판에도 한번쯤 올려보고 싶다는 생각이 들어 가벼운 마음으로 게재했던 것이다.

그런데 그는 모르고 있었다, 그것이 얼마나 큰 파장을 불러올지를. 보통 인터넷 게시판은 워낙 많은 글이 올라오기 때문에 해당 게시글의 클릭 수나 추천 수, 혹은 댓글 수에 따라 상위에 랭크된 글이 메인 화면에 나타나도록 구성된다. 그리고 일단 메인 화면이 정해지면 많은 사람이 그것부터 보기 때문에 해당 글이 노출되는 빈도수는 점점 높아지기 마련이다. 이때 그 글이 흑백논리상에서 한쪽으로, 그것도 많은 이들이 옳다고 여기는—혹은 그럴 것이라고 막연하게 생각하는—것에서 벗어나 있으면 일순간 엄청난 공격을 피할 수 없다. 전이공의 글은 그런 의미에서 공격당하기 딱 좋은 글이었다.

인터넷에 나타난 주류적 흐름에서 벗어난 이공의 글은 사람들 눈에 띄었고, 그 순간부터 며칠 동안 지옥을 맛봐야 했다. 생각 없이 올린 글은 엄청난 댓글로 도배가 되어버렸고, 그중 태반은 글의 내용과는 전혀 상관없는 인신공격성에 속했다. 심지어는 차마 입에도 담지 못할 만큼 험한 말도 부지기수였다. 이 사실을 알고 놀란 이공은 부랴부랴 자신의 글을 삭제했지만 파장은 수그러들지 않았다. 누군가 삭제되기 전의 글을 저장하고 있었는지, 그의 글은 여전히 게시판에 떠돌고 있었다. '문제의 원본' 혹은 '삭제되기 전 원본'이라는 제목까지 달아서 나타나니 오히려 사람들의 눈에 더 띄었고, 그에 대한 비난도 더욱 거세졌다.

이로 인해 한동안 이공은 글 쓰는 일을 접고 싶을 만큼 큰 충격에 휩싸였다. 그깟 글이 뭐라고 인생에서 먹을 욕을 한꺼번에 다 먹어야 하는지 이해할 수도 없었고, 억울하기도 했다. 하지만 옛말 그른 것 없듯, 뭐든 시간이 약이었다. 시간이 지나니 메인 화면이 바뀌었고 그의 글은 차츰 사람들의 관심권 밖으로 밀려나기 시작했다. 한 달, 아니 3주도 채 지나지 않아 언제 그랬냐는 듯이 그에 대한 관심은 자취를 감추었다. 그의 글은 게시판 저 밖으로 사라졌고, 한 번 사라진 글은 다시 관심권 안으로 들어오지 않았다.

남들에게는 하루에도 수십 번씩 일어나는 그저 그런 '인터넷 필화筆禍' 사건이었겠지만, 이공에게는 일생이 가도록 잊을 수 없을 만큼 큰 충격이었다. 실명이 밝혀진 것도 아니고, 실제로 해코지를 당한 것도 아니지만 엄청난 악플의 충격은 막 글 쓰는 데 재미를 붙인 이공을 움츠러들게 만들었다. 당분간 이공은 개인 블로그에만 글을 쓰기로 마음먹었다.

전이공의 인터넷 필화 사건

"아직 지난번 일의 충격에서 못 벗어난 거야?"

점심시간, 식판을 놓고 마주 앉은 표현정이 물었다.

"대충 정리는 됐어요. 하지만 이제 다시는 포털에 글 안 올리려고요. 어쭙잖게 올렸다가 된통 당하니까 정신이 없더라고요."

"그래서 말인데, 요즘 네 블로그에 들어가봤더니 그때 이후로 글이 변했더라. 뭔가 안 좋은 방향으로 말이야."

표현정은 전이공의 기색을 살피며 말을 꺼냈다.

"안 좋다고요? 전 오히려 세련되어졌다고 생각했는데요?"

"물론 네 글의 외형은 예전에 비해 훨씬 나아졌어. 암호 같은 전공 용어만 남발한다거나 너무 복잡하다거나 하는 건 없어졌지. 그런데 말이야, 솔직히 네 글을 보면 무슨 말을 하고 있는지 잘 모르겠어."

"그게 무슨 소리예요?"

"얼마 전에 네가 과학 연구에서 동물 실험에 대해서 쓴 글, 기억나?"

동물 실험을 해야 할까, 하지 말아야 할까

약품이나 화장품, 그 밖에 인간을 위한 여러 가지 제품을 만드는 일을 하다보면 동물 실험을 거치게 되는 일이 많다. 특히 제약의 경우, 사람에 대한 임상실험을 하기 전 동물 실험 단계를 필수적으로 거치게 된다. 그럼에도 불구하고 동물 실험의 유효성 논란은 끊임없이 제기되고 있다. 어떤 약이 개발되기 위해서는 그 약이 어떤 효능이 있는지뿐만 아니라 부작용은 없는지, 분해되는 데 시간은 얼마나 걸리는지, 분해되면서 독성을 갖는 성분으로 변하지는 않는지 등에 대한 정보가 필요하다. 그런데 이런 특징들은 오로지 살아 있는 생체 속에서만 측정 가능하기 때문에 동물 실험은 꼭 필요하다.

동물 실험을 통해 우리는 인간에게 꼭 필요한 약이 과연 얼마나 큰 효능을 지니고 있는지, 부작용으로는 어떤 것이 있는지를 알게 된다. 동물들에게는 미안한 일이지만 동물 실험을 통해 인간에게 해를 줄 수 있는 물질들을 상당히 많이 걸러낼 수 있었다. 그럼에도 동물 실험은 단점이 많다. 동물은 인간이랑 다르기 때문에 동물 실험의 결과가 인간에게도 그대로 적용되리라는 보장이 없다. 예를 들어 손발이 없는 기형아를 낳게 만들었던 탈리도마이드라는 약은 동물 실험시에는 별다른 이상이 발견되지 않았다. 또한 인간에게는 매우 유용한 항생제 페니실린은 실험동물인 모르모트에게는 독약이나 마찬가지다.

이처럼 동물 실험은 장점과 단점을 모두 가지고 있다. 그래서 섣불리 어느 쪽이 옳다고 할 수가 없다. 실험자의 입장에서는 동물 실험을 해야 한다고 주장하지만, 동물을 사랑하는 동물 애호가들은 이에 동의하지 않을 것이다. 둘의 주장엔 모두 옳은 점이 있다.

"물론 기억나죠."

"그 글의 요지가 뭐였어? 동물 실험을 해야 한다는 거야, 말아야 한다는 거야?"

"그건 사실 딱 잘라 말할 수 없잖아요. 예전 같으면 동물 실험이 필요하다고 말했겠지만, 지난번 일도 있고, 오공이의 말처럼 세상을 흑백논리로 보는 건 너무 극단적인 것 같아서 양쪽을 다 다뤄본 건데요, 그게 이상해요?"

"당연히 이상하지. 흑백논리로 세상을 보지 말라는 것은 극단으로 치우치지 말라는 거지, 줏대 없이 왔다 갔다 하라는 게 아니야."

"보통 극단의 의견이 있으면 중립 의견이 가장 균형 잡혔다고 생각하지 않나요?"

"그건 때에 따라 다르지. 그리고 중립 의견이란 양자의 특징이나 장점을 살린 제3의 의견이지 양비론이나 양시론이 아니야. 즉, 정과 반 사이의 합을 찾아내는 거지, 모순되는 의견을 둘 다 제시하는 게 아니라는 거야. 예를 들어 주말에 팀의 단합을 위해 야유회를 간다고 치자. 누구는 시원한 숲으로 가자고 하고, 누구는 넓은 바다로 가자고 한다고 해봐. 그때 '그래. 양쪽 의견 모두 옳으니 이쪽 사람들은 숲으로 가고 저쪽 사람들은 바다로 가고, 알아서 각자 가서 놀다 오자' 라고 하면 이게 단합대회로서 의미가 있겠니? 그럴 경우에는 잘 살펴봐서 바닷가 근처에 숲이 있는 지역으로 장소를 알아봐야지. 그것과 같은 이치야."

"양비론과 중립적 대안은 다르다… 저는 지금까지 그 두 가지를 혼동했나봐요."

"아무래도 지난번 악플 사건 이후 네가 좀 소심해진 거 같아. 예전의 글은 거칠기는 해도 자기주장은 분명했는데, 그게 사라졌어."

박쥐는 어디서도 환영받지 못한다.

대립적인 의견이 맘에 들지 않는다면 대안을 제시하라. 양쪽 모두에 발을 걸치려고 하면 양쪽 모두에게서 발을 밟히게 된다.

"약간 그런 경향이 있기는 해요. 그때 이후로 자기 검열이랄까, 뭐 그런 게 저도 모르게 생겼거든요. 이렇게 쓰면 또 욕먹지 않을까 하는 생각에서 말이에요."

"야, 천하의 전이공도 악플에 밀리는구나. 하지만 악플이 두려워서 자기가 쓰고 싶어하는 글을 못 쓴다면 글을 쓸 이유가 없잖아. 그리고 생각해봐. 우리 시대 논객으로 일컬어지는 사람들은 예외 없이 다들 자신만의 색깔과 주관이 뚜렷해. 그리고 악플 제거 차원에서도 양비론은 불리해. 뚜렷한 주장은 반대파한테는 욕을 먹을지언정 적어도 같은 생각을 하는 사람들에게서만큼은 지지를 받을 수 있는데, 어설픈 양비론은 양쪽에서 모두 욕먹을 가능성이 백 퍼센트야."

"어휴, 흑백논리로 써도 안 되고 양비론도 안 되고, 글 쓰기 참 어렵네요."

이공계생을 위한 글쓰기 팁 7
양비론이나 양시론은 가능하면 피할 것

양비론兩非論은 '맞선 두 대상이 모두 틀렸다는 주장이나 사실'을, 양시론兩是論은 이와 비슷하게 '모두 옳다'는 뜻을 지닌 말이다. 대개 한 이론이나 주장이 등장하면, 그 이론에 대해 반대하는 쪽 입장이 나오기 마련이다. 이처럼 두 가지 주장이 대립될 때면 보통 어느 쪽에도 동의하지 않는 제3의 주장이 대두되곤 한다. 그런데 이 제3의 주장이 새로운 대안이나 합의 결론으로 도출되는 것이 아니라, 그저 양쪽 모두를 비판하거나 헐뜯는 수준에서 끝나는 경우가 많기 때문에 문제가 된다. 바로 이런 경우가 양비론이다.

양비론은 얼핏 균형 잡힌 중립적 시각처럼 보이기도 하지만, 실제로는 양쪽을 그저 비난하기에만 치우쳐 있거나 양쪽 모두를 적당히 편들어주는 시각일 뿐이다. 대립되는 입장들에 대해 제3의 시각을 제시할 때에는 자신의 의견이 그저 양비론일 뿐인지, 중립적 대안인지를 명확히 파악해야 한다. 그것이 구분되지 않는다면 차라리 'A와 B 둘 다 문제는 있지만, 그래도 A가 이런 점에서 B보다는 낫다'는 식으로 제시하는 것이 더 좋다.

2퍼센트를
채우기
위한 팁

그동안 여러 가지 사건이 있었지만 그래도 포기하지 않고 계속 블로그에 글을 썼던 전이공. 그는 얼마 전부터 일상생활 속에서 접할 수 있는, 예를 들어 생화학에 대한 최신 지식들을 제공하기 시작했고, 이런 종류의 글이 많지 않아서인지 그의 블로그에 고정적으로 찾아오고 질문을 남기는 사람도 하나씩 늘던 참이었다. 악플보다 더 무서운 게 무플이라던가. 악플만 달릴 때는 댓글만큼 무서운 것이 없더니 요즘에는 글을 올렸는데도 댓글 하나 없는 것이 그렇게 서운할 수가 없었다.

그러던 중 오랜만에 친구 오공에게 연락이 왔다. 기쁜 마음으로 친구를 만나러 나간 자리, 전이공의 기분은 한껏 고무되어 있었다.

"전이공, 블로그 들어가보니까 이제 완전 기자 다 됐더라. 악플 몇 개에 안절부절 못하더니 몇 달 만에 일취월장에 상전벽해구나."

"후훗, 내 표현력이 늘었다니 흰소리라도 기분은 좋구나. 내가 오늘은 거하게 쏘마!"

전이공은 오랜만에 친구와 마신 술로 다음 날 늦잠을 잤다. 그런데 잠을 자면서도 머릿속에는 온통 글 쓰는 생각뿐이었다. 이제는 꿈에서도 글을 쓰는 경지에 올랐다. 마치 「쿵푸 팬더」의 주인공인 포가 용문서의 전수자가 되는 것을 꿈꾸는 것처럼 말이다. 전이공의 글쓰기 실력은 하루가 다르게 늘었다. 기초적인 문장을 쓰는 것뿐만 아니라 내용도 그런대로 읽을 만하다는 평을 받는다. 물론 그의 스승(?)인 현정과 오공의 평가일 따름이지만.

"친구들이 칭찬한 것도 맞긴 할 텐데 그래도 난 아직 초짜에 불과할 뿐이야. 이제 등급을 좀 올려야지."

다양한 용어로 내용을 풍부하게

전날 이공은 오공에게 『신문기자 되기』라는 책을 선물 받았다. 오공이 신문사 입사 후 수습기자 시절에 탐독했던 책이라며 도움이 될 거라고 했다. 이공은 책을 펼쳐 가장 먼저 들어오는 문장에 주목했다.

신문기사를 쓸 때는 같은 서술어가 반복되지 않도록 한다. 동일한 어휘가 계속 나오면 독자들이 싫증을 낼 수 있다. 같은 서술어는 불가피한 경우를 제외하고 피하는 것이 좋다.

어제 마신 술로 인해 숙취가 완전히 해소되진 않았지만 무슨 뜻인지 충분히 이해할 수 있었다. 그동안 대학이나 회사에서는 사실상 완전한 문장으로 글을 써보지 않았다. '개조식'이라고 해서 '~했음' 등의 간편한 용어만 사용했을 뿐이다. 그런데 자신의 글을 읽어보니 같은 서술어가 계속 등장했다.

놀이공원의 안전시설 문제가 심각하다. 여름인데도 불구하고 준비가 잘 안 된 것은 문제라고 생각한다. 여기저기 부식된 것이 눈에 띈다. 수영장도 마찬가지로 문제라고 생각한다. 물론 염소(Cl_2) 용액을 물에 희석해서 넣으면 살균 효과가 있는 것은 사실이지만, 노약자의 피부에 문제가 될 수 있을 것으로 생각한다.

지난주에 놀이공원에 다녀와서 블로그에 올린 글이다. '생각한다'와 같은 서술어와 단어가 반복되고 있었다.
"한 발짝 떨어져서 보니, 이거 완전 초딩 글일세. 어휴."

이공계생을 위한 글쓰기 팁 8
신문 기사에서 서술어 하루에 세 개씩 찾아보기

말과 글의 가장 큰 차이점 중 하나는 '반복'이다. 말을 할 때는 반복이 큰 문제가 되지 않는다. 말은 발화되는 순간 사라지기 때문에 상대의 이해를 돕기 위해서라도 어느 정도 반복이 필요하다. 하지만 글은 다르다. 글은 문자로 계속해서 남아 있기 때문에 반복되면 지겨운 느낌이 든다. 하지만 글을 쓰다보면 같은 단어를 자꾸 쓸 수밖에 없는 일이 생긴다. 특히나 서술어의 경우는 더 그렇다.

이럴 경우 대안은 문상의 전체 의미를 해치지 않으면서도 다른 단어로 대치하는 것이다. 즉, 초등학교 때 많이 연습했던 '비슷한 말 찾아 바꾸기'를 시도하는 것이다. 해보면 알겠지만 유의어를 찾는 것은 생각만큼 쉽지 않다. 이때 도움이 되는 방법이 신문 기사를 읽는 것이다. 기사를 읽으면서 서술어를 여러 개 찾아보자. 기자들은 기사 쓰기 훈련 과정에서 서술어를 다양하게 사용하는 교육을 받는다. 공신력 있는 신문을 보고 기자들이 쓰는 서술어를 옮겨보면서 자신만의 노트를 만들어본다. 기자들은 인용하는 서술어로 '~라고 밝혔다' '~라고 말했다' '~라는 의견을 제시했다' '~라고 전했다' 등 여러 가지를 사용한다. 웬만하면 중복되지 않도록 함으로써 독자들을 싫증나지 않게 하려는 것이다.

서술어뿐만이 아니다. 단일 기사에서 같은 단어가 여러 번 사용될 경우 기사의 신뢰성은 떨어지기 마련이다. 이 때문에 유의어를 최대한 활용해야 한다. 글쓰기의 고수가 되고자 하는 이들도 이러한 방법을 활용하면 짧은 시일 내에 다양한 표현을 익힐 수 있다. 자신이 보는 신문을 펴고, 작은 수첩을 꺼내 매일 신문 1면에 나온 서술어를 3개씩만 찾아보도록 한다. 새로운 서술어를 30개 정도 찾고 이를 실생활에서 사용해보자. 훨씬 문학적으로 변한 자신의 모습을 발견할 수 있을 것이다.

영어식 표현은 머리가 아파

　글이란 쓸 당시에는 제대로 썼는지 아닌지 잘 모르지만, 시간이 지난 뒤 다시 보면 어색하거나 틀린 부분이 발견되기 마련이다. 따라서 한번 글을 완성한 뒤 반드시 다시 읽어보면서 퇴고하는 과정을 거치는 게 필요하다. 특히나 요즘 세대들은 영어 공부를 강요받고 자란 터라 그런지 우리말을 영어식으로 쓰는 경우가 많다. 이공이 읽고 있는 책에서도 '영어식 표현을 삼가라'는 조항이 발견되었다.

　"영어식 표현을 삼가라고?"
　이공은 눈이 번쩍 뜨였다. 사실 이공이 주로 쓰는 실험 보고서는 개조식 문장과 함께 영어 단어의 단순 나열로 채워져 있다. 화학식과 화학물질을 나열하고 그 사이에 '은/는/이/가/을/를'이라는 조사를 적절하게 넣기만 하면 대충 다 해결되기 때문이다. 실제로 실험실에서는 어색하게 번역한 우리말을 사용할 경우 아무도 알아듣지 못한다. 때문에 원서에서 읽는 대로 영어 단어나 문법을 그대로 쓰는 경우가 허다하다.
　"흠… 영어도 잘 못 하는데, 내가 정말 영어식 표현을 쓰고 있나?"
　이공은 자신이 쓴 글을 뒤져보았다. 그런데 생각보다 그런 표현이 많이 발견되었다. 그것도 단순한 영어 단어 나열 수준이 아니라 그의 글은 거의 영어 초벌 번역문 형태였다.

안전시설의 미비는 결국 사고를 불러왔다. 부실한 안전 펜스는 발을 헛디딘 남자가 다이빙용으로 만든 깊은 풀에 빠지게 만들었다. 다행히 물에 빠져 허우적대던 남자는 현장 안전요원들에 의해 구해졌다.

그는 자신도 모르게 수동태형 문장을 쓰고 있었다. 우리나라 말에서는 수동태형이 거의 쓰이지 않음에도 불구하고 영어식 표현을 그대로 쓰다보니 수동태가 많이 나오고 있었다. 그렇다보니 그냥 써도 될 말을 한 번씩 돌려서 쓴 듯했다.
"솔직히 수동태로 쓰면 좀 있어 보이는 줄 알았는데, 아닌가?"
이공은 책에서 시키는 대로 문장을 고쳐봤다.

안전시설의 미비는 사고의 원인이 되었다. 안전 펜스가 부실한 탓에 발을 헛디딘 남자 한 명이 다이빙용으로 만들어진 깊은 풀에 빠지고 말았던 것이다. 다행히 현장 안전요원들은 물에 빠져 허우적대던 남자를 구했다.

이렇게 써놓고 보니 이해하기가 훨씬 쉬웠다.
"촌스러울 줄 알았는데, 훨씬 깔끔한걸. 간결하고 단정하게 우리말 어순을 지키면서 쓰는 것이 더 편하고 좋구나."

이공계생을 위한 글쓰기 팁 9
수동태는 피하는 것이 좋다

우리말의 논리적인 구조는 능동형이 더 익숙하다. 불가피한 경우를 제외하고는 수동, 피동형 문장은 피하자. 수동형 문장을 쓰게 되면 머릿속에서 주술 구조를 재편집해서 이해해야 한다. 따라서 글을 쓰는 목적이 원활한 의사소통이고 설득이라는 점을 잊지 말고 편안한 문장을 쓰도록 하자. 수동태를 피하기 위해서는 사물을 주어로 내세우는 영어식 '물주 구문'을 피하면 된다. '커피가 내게로 온다!' '술이 나를 취하게 만들었다'는 표현은 시적일 수 있지만, 일반적인 글쓰기에서는 어색할 수 있다. 사람 등 감정을 가진 주어를 쓰면 자연스럽게 수동형 문장을 피하게 된다.

오타는 글의 치명타가 된다

책을 넘기던 이공은 부록을 펼쳤다. '퀴즈 게임이라도 있을까?' 물론 퀴즈는 없고 대신 주의 사항만 가득했다. 첫 번째로 나온 것은 '오타를 주의하라' 라는 것이다.

> 오탈자 하나로 신뢰성이 크게 떨어질 수 있다. 아무리 내용이 좋더라도 기사 한 꼭지에 여러 개의 오탈자가 발견되었다고 생각해보자. 독자들은 더 이상 신문을 읽고 싶지 않다고 느낀다. 신문은 신뢰성이 생명인데, 오타 하나가 신뢰를 무너뜨릴 수 있다. 작은 구멍 하나가 네덜란드의 댐을 무너뜨릴 수 있는 것과 마찬가지다.

"흠, 난 오탈자의 귀재인데, 헐!"

어려서부터 컴퓨터를 좋아했지만 이공은 아직도 '독수리 타법'을 쓴다. 정확하게 타자 연습을 하지 않고, 컴퓨터부터 켜고 놀았기 때문이다. 독수리 타법으로도 1분에 200타는 치지만, 200타를 고치는 데 또 1분이 걸릴 지경이다. 실제로 오타 때문에 곤욕스러웠던 적이 있다. 대학교 자취 시절에 PC통신으로 채팅을 하면서 엄청난 사건을 겪었기 때문이다. PC통신 동호회 채팅방에서 여학생을 만나서 사귀어보려고 '작업'을 하던 중이었다. 여학생이 지방에서 상경해서 공부한다는 애

사소한 일이라도, 형식을 갖출 것은 제대로 갖추어야!!

진정한 장수는 사소한 적이라도 예를 갖추어 대한다. 사소한 실수 하나가 글의 신뢰성을 떨어뜨린다는 사실을 잊지 말자.

기를 듣고 이공은 다음과 같이 타이프를 쳤다.

[이공] "저기 자위하세요?"
[백설여자] "뭐라고, 이런 변태!"
〈백설여자님이 퇴장하였습니다.〉

'자취하세요?' 라고 묻고 싶었는데, 이공만의 '타이핑 독수리' 가 'ㅊ' 을 비껴나가 그 위에 있는 'ㅇ' 을 친 것이다. 작업도 물 건너갔고, 그는 졸지에 변태로 찍혀버렸다. 게다가 아이디 백설여자가 이 대화 내용을 캡처해서 '변태를 조심하세요' 라는 제목으로 게시판에 올리는 바람에 그는 동호회 채팅방에서 강제 탈퇴까지 당하는 수모도 겪었다. 이공은 그때 일을 떠올리고는 앞으로 오탈자에 주의해야겠다고 굳게 다짐했다.

외래어 표기법은 정해진 규칙대로

이공은 어느새 『신문기자 되기』라는 책에 푹 빠져버려서 책을 모조리 외울 듯이 읽고 있었다. 그중에는 외래어 표기법도 있었다.

- 외래어[外來語]: [명사] 외국에서 들어온 말로 국어처럼 쓰이는 단어.

늘들온말·전래어·차용어.

– 외래어표기법[外來語表記法]: 외래어를 한글로 표기하는 방법. 현행 표기법은 1986년 1월에 문교부에서 고시한 것이다.

– 외국어 [外國語]: [명사]다른 나라의 말. 늘외어(外語)·타국어.

'외래어는 우리말로 정착된 것이고, 외국어는 말 그대로 외국말이로구나. 그런데 외래어 표기법도 있네? 이건 또 뭐지?'

포털에서 검색을 하자 외래어 표기법에 대한 글이 많이 떴다. 상당히 복잡해 보였다. 논란도 많았다. 'Orange'를 '아륀지'로 표기해야 하는지, 그냥 '오렌지'로 해야 하는지, 외래어 표기법을 바꾸어야 하는지 말아야 하는지 등등.

원어민 영어 발음에 익숙한 세대에게는 'banana'를 '바나나'로 읽기보다는 '버내너'로 읽는 게 더 자연스럽게 느껴질 것이다. 하지만 여러 논란에도 불구하고 책에 나온 대로 일단은 소통에 신경을 쓰자고 이공은 다짐했다. 제대로 설득하려면 일단은 규칙을 익히고 사용하는 것이 필요하다고 여겨졌기 때문이다. 국립국어원 사이트에는 외래어를 표기하는 규칙이 올라와 있었다.

* 국립국어원 외래어 표기의 원칙

· 제1항 외래어는 국어의 현용 24 자모만으로 적는다.

이공계생을 위한 글쓰기 팁 10
교정은 옵션이 아니라 기본이다!

글을 다 쓰고 이메일을 보내기 직전에, 게시판에 올리기 직전에 자신이 쓴 글을 소리 내어 읽어보자. 글을 소리 내서 읽으면 그것을 객관적으로 살펴볼 수 있다. 속으로 읽을 때와는 다르게 어색한 문장과 오탈자도 찾을 수 있다. 직장 상사에게 올리는 보고서, 대학원 논문, 논란의 소지가 있는 글 등 중요한 문서를 작성한 뒤에는 큰 소리로 읽어보고 수정 작업을 거치는 것이 좋다. 또 주변 사람들에게 한번 읽고 수정해줄 것을 요청해보자. 그 사람이 글 실력이 별로 없더라도 독자 입장, 수용자 입장에서 읽고 의견을 주면 많은 도움이 된다.

오탈자를 쉽게 잡기 위해서는 컴퓨터 프로그램의 기능을 활용하는 것도 좋다. 물론 완벽하게 수정되는 것은 아니지만, 한글 프로그램에는 오탈자로 예상되는 단어에는 빨간색 밑줄이 나타난다. 이때 마우스를 클릭해서 유사 단어를 살펴보고 수정하면 된다. 인터넷도 도움이 된다. 철자를 잘 모르는 단어가 있을 경우 포털사이트 사전에서 검색하면 된다. 해당 단어뿐 아니라 유의어 및 이의어도 찾을 수 있다.

· 제2항 외래어의 1음운은 원칙적으로 1기호로 적는다.

· 제3항 받침에는 'ㄱ, ㄴ, ㄷ, ㄹ, ㅁ, ㅂ, ㅅ, ㅇ'만을 쓴다.

· 제4항 파열음 표기에는 된소리를 쓰지 않는 것을 원칙으로 한다.

· 제5항 이미 굳어진 외래어는 관용을 존중하되, 그 범위와 용례는 따로 정한다.

'a는 보통 'ㅏ'로 표기하고, e는 보통 'ㅔ'로 쓰는구나!'

나름대로 법칙화된 설명을 읽고 나니, 외래어를 쓸 때도 약속된 규칙에 따라 사용해야 한다는 것을 알게 됐다. 그는 인터넷 사이트의 용례를 읽어보면서 한참을 웃었다. 우리가 쓰는 외래어 중에 잘못 표기하고 있는 것이 많았기 때문이다.

이공계생을 위한 글쓰기 팁 11
국립국어원, 한글사랑 등을 최대한 활용하자

정부 및 공공 기관에서는 한글 사이트를 운영한다. 인터넷만 접속되면 정확한 외래어 표기법에 대해서 알 수 있다. 외래어 표기를 위한 기본적인 규정부터 틀리기 쉬운 용어까지 친절하게 설명해준다. 외래어뿐 아니라 한글에 대한 전반적인 지식도 키울 수 있다. 초등학생 수준으로 올라오는 인터넷의 믿을 수 없는 정보보다는 공신력을 갖춘 한글 관련 기관에 의지해보자. 모르는 것이 있으면 각 기관의 질의응답 기능을 활용하면 된다. 전문가들이 가장 정확하고, 때로는 '이렇게 사용하는 것이 옳다'라는 유권해석도 내려준다.

· 국립국어원 http://www.korean.go.kr
· 서울특별시 한글사랑 서울사랑 http://hangeul.seoul.go.kr

이 사이트에 접속하면 방송사, 신문사, 대학교 등의 한글 관련 사이트들도 모두 찾을 수 있다. 글의 고수가 되고, 표현의 달인이 되기 위해서는 믿을 만한 인터넷 취재원을 두는 것이 어떨까?

영어	표기			잘못된 표기	
guardrail	가드레일	◎	←	가드레일	◎
gas	가스	◎	←	까스	◎
gas lighter	가스 라이터	◎	←	까스 라이타	◎
gas range	가스 레인지	◎	←	까스 렌지	◎
gas burner	가스 버너	◎	┈	까스 바나	◎
gas boiler	가스 보일러	◎	←	까스 보일라	◎
gossip	가십	◎	←	까십	◎
gown	가운	◎	←	까운	◎

국립국어원- 서울특별시 한글사랑 서울사랑 사이트 http://hangeul.seoul.go.kr

제 2 부

글쓰기 응용편

실험 보고서,
어떻게
써야 할까?

요즘 들어 전이공은 학교와 회사를 오가느라 바쁘다. 일주일에 하루는 학교 연구실로 출근하고, 주말에도 나가서 실험을 한다. 처음 홍보팀으로 옮겼을 때는 다소 어리바리했던 이공이었지만, 표 팀장과 친구들의 도움으로 커뮤니케이션 문제를 해결한 뒤로는 유능한 인재로 인정받고 있었다.

    새로운 팀에서 어느 정도 자리를 잡은 전 대리는 다시금 박사과정에 진학했다. 회사 측에서도 전문성을 지닌 홍보 인재의 육성을 목표로 전 대리의 진학을 전폭적으로 지원했기에 가능한 일이었다. 커뮤니케이션의 중요성을 깨닫고 학교로 돌아와보니 학부에 비해 석사과정을 다닐 때는 미처 알지 못했던 것들이 보이기 시작했다. 그중에서 가장 눈에 띈 것은 학생들의 실험노트와 실험 보고서였다.

"교수님, 드릴 말씀이 있습니다."

학교에 다니기 시작한 지 한 달쯤 되던 날 그는 지도교수를 찾아 뵈었다.

"그래, 무슨 일이지?"

"주제넘은 말일지 모르겠지만, 제가 회사생활 하면서 커뮤니케이션의 중요성에 대해 깨달은 바가 좀 있습니다. 그런데 이공계 연구실에서는 상대적으로 그 중요성을 가볍게 여기는 듯합니다."

"원래 과학자들이 그런 기질이 있긴 하지. 과학자들이 실험이나 열심히 해서 좋은 결과나 얻으면 되는 거지, 굳이 남들에게 이해시키려고까지 노력해야 할 필요가 있냐고 생각하니까."

"물론 과학자의 본분은 연구에 있을 것입니다. 그렇기에 과학자들 역시 그들 나름의 표현 기법을 익혀야 한다고 생각합니다. 표현이 제대로 되지 않기 때문에 실험 데이터의 유실이 많이 발생하고, 실험의 노하우 같은 게 제대로 공유되지 않아 효율적이지 못한 것 같습니다."

"데이터 유실을 방지하고 노하우를 공유하려고 각자 실험노트를 쓰게 하는 것 아닌가?"

"바로 그겁니다. 저도 석사 때 실험노트를 써본 적이 있는데, 사실 처음에 랩에 들어오면 모든 것이 낯설지 않습니까. 그런데 무작정 실험노트를 쓰라고 하니 뭘 어떻게 써야 할지 몰라서 그저 메모 수준이었지요. 그러고는 한 학기쯤 지나서 저를 지도해줬던 박사과정 선배가 갑자기 외국 랩으로 떠나는 바람에 제가 그 실험을 이어받았는데, 선배 실험노트를 처음 본 순간 든 생각이 '완전 암호문이구나!' 였습니다. 데이터는 잔뜩 들어 있는데 도대체 그 숫자들이 무엇을 의미하는 건지 전혀 알아볼 수가 없었습니다. 데이터를 이해할 수 없으니 결국 저는 선배가 넘겨주고 간 실험의 결론을 내리기 위해 이미 했던 실험을 처음부터 다시 해야 했고, 여러 번의 시행착오를 거친 후에야 겨우 그 데이터의 의미를 이해할 수 있었습니다. 만약 그 선배의 실험노트가 누구나 알아보기 쉬운 형태로 작성됐더라면, 아마 저는 결론에 도달하는 데 걸리는 시간을 훨씬 단축할 수 있었을 테지요."

"하기야 학생들이 실험하다가 중간에 나가버리면 그동안 진행했던 실험들이 제대로 이어지지 않은 경우가 종종 있었지. 나는 그걸 학생들의 역량 탓이라고 생각했는데."

"문제는 사람이 아니라 시스템이라는 것이 제 생각입니다. 실험노트와 보고서가 일목요연하게 정리가 잘되어 있고, 중요한 사항들이 빠짐없이 기재되어 있다면 불가피하게 다른 사람이 실험을 이어받아 할 때 시간과 노력의 낭비를 줄일 수 있을 것입니다."

"그거 좋은 생각이군. 그런데 구체적으로 어떻게 하는 게 좋을까?"

"그래서 제가 일단 실험노트에 기록할 사항들을 넣어 샘플을 만들어왔습니다."

전이공은 실험노트 샘플을 교수님에게 건네주었다.

 실험노트

1. 제목

2. 실험 일자: 0000년 00월 00일 00시

3. 실험 장소

4. 공동 실험자

5. 실험 목적

6. 실험 반복 회수: 회차

7. 실험 기법

8. 실험 과정

9. 실험 결과: 측정값, 오차 값, 평균값 등

10. 기타 추가 사항 : 주의할 점, 새로 발견한 점, 노하우

"음, 이 정도면 거의 다 들어간 것 같은데. 여기에 실험 조건란을 하나 더 첨부하게. 때에 따라서 환경 변화에 예민하게 반영하는 실험의 경우 실험할 때의 기온과 습도, 비가 왔거나 맑거나 하는 기상 상태에 따라서도 결과값이 달라지는 수가 있으니 그것도 기록하는 게 좋아."

"그럼 그것도 추가하지요."

"이참에 아예 랩 미팅 시간에 실험노트를 한번씩 훑어봐야겠어. 생각난 김에 자네가 실험노트 항목을 다시 정해서 아예 랩원들 수만큼 제본하게. 그리고 실험 하나가 끝날 때마다 보고서를 제출하도록 할 테니 그 항목도 정해주고."

"네, 알겠습니다."

전이공의 지도교수는 한번 생각나면 밀어붙이는 타입이어서, 실험노트가 도착한 다음 날부터 랩 미팅 시간마다 학생들의 실험노트 검사에 들어갔다. 학생들은 울며 겨자 먹기로 노트를 쓰기 시작했고, 그로 인해 전이공은 랩 학생들에게 '공공의 적'으로 찍히고 말았다.

"형, 도대체 교수님께 무슨 말을 드린 거예요?"

"그래요, 오빠. 가뜩이나 실험도 많은데 굳이 이런 것까지 써야 해요? 귀찮게시리."

"워워, 진정들 해라. 지금은 내가 미운 것 같아도 다 따라하다보면 피가 되고 살이 되는 날이 올 테니 말이다."

시스템이 정비되면 일이 수월해진다!!

사람이 일을 하는 것이 아니라, 시스템이 일을 한다는 말이 있다. 시스템이 정비되어 있으면 일이 훨씬 수월해진다. 글을 쓰는 데 있어서도 반복적인 것이라면 시스템을 가주는 것이 훨씬 도움이 된다.

"쳇, 그런 날이 과연 오기는 오는 거예요?"

학생들은 투덜거렸지만, 전이공은 굳게 믿어 의심치 않았다. 그들이 나중에 저널에 투고할 논문을 쓰고, 졸업논문을 작성할 때 미리미리 작성해둔 실험노트가 큰 도움이 되리라는 것을 말이다.

그렇기에 후배들의 볼멘소리쯤은 귓등으로 넘겨들을 수 있었다. 그리고 정말로 몇 년 후 졸업이 가까워졌을 때, 그들은 자신들이 꼼꼼하게 써놓은 실험노트가 요긴했다는 것을 깨닫게 된다.

 **실험노트 쓰기**

연구를 하는 사람이라면 누구나 실험노트를 써본 적이 있을 것이다. 하지만 어떻게 써야 하는지를 제대로 알고 시작한 경우는 적다. 실험노트는 말 그대로 실험에 관련된 모든 정보를 담는 기록장이다. 따라서 가능하면 상세하고 정확하게 기록하는 것이 좋다. 이는 자신이 연구한 결과를 기록하여 연구의 편의를 도모한다는 측면도 있지만, 향후 다양한 문제들의 근거로 이용될 수도 있기 때문이다.

1. 실험 보고서의 순서는 제목과 실험자, 날짜, 실험 목적 및 내용, 관련 이론 및 실험 방법, 실험 결과, 결론 및 고찰, 참고문헌 등의 순으로 쓴다.
2. 실험 제목은 한눈에 실험의 내용을 파악할 수 있는 것이어야 한다.
3. 실험자와 날짜를 정확히 기록한다. 공동 실험자가 있다면 반드시 같이 기록해두어야 한다.
4. 실험 목적 및 내용에서는 전체적인 연구에서 먼저 이 실험이 왜 필요한지, 어떤 결과를 찾기 위해 설계되고 실시되었는지를 분명히 짚어줄 필요가 있다. 그래야만 자신의 실험이 당위성을 지님을 증명할 수 있기 때문이다. 또한 목적을 달성하기 위해서 구체적으로 어떤 실험을 하는지를 제시한다.
5. 관련 이론을 소개하는 것은 앞으로 나올 결과값들이 어떤 이론적 배경하에서 설명될 수 있을지를 보여주기 위함으로, 실험을 통해 측정되는 데이터들이 이론적으로 타당함을 증명하는 근거가 된다.
6. 실험 장비와 실험 방법은 가능한 한 자세히 쓴다. 이 부분은 이 실험을 증명하기 위해 재실험이 행해질 때, 원 실험과 동일한 조건에서 재실험이 이루어질 수 있는 바탕이

되기 때문이다. 또한 동일한 실험을 여러 번 하는 경우, 앞선 실험과 달라진 점이나 보완 혹은 개선된 점은 사소한 것이라도 반드시 기입해야 한다. 때로는 사소한 변화가 실험의 결과값에 큰 영향을 미칠 수도 있기 때문이다.

7. 실험 결과는 누가 봐도 알아볼 수 있도록 정확하고 분명하게 기록한다. 숫자를 흘려 쓰거나 데이터를 섞어서 본인만 알아보게 쓰는 것은 곤란하다. 이해를 돕기 위해 그림이나 그래프로 데이터를 정리하는 것도 좋다. 이럴 경우 반드시 충분한 설명이 있어야만 다른 사람들이 봤을 때 뜬금없어 보이지 않는다. 오차나 다른 데이터 값과 일치하지 않는 값이 나온 경우도 기록한다.

8. 결론에서는 앞서 이야기한 관련 이론과 측정값이 일치하는지를 보아 이론이 실험에 의해 증명되고, 실험이 이론에 의해 뒷받침되는 탄탄한 구조를 가지고 있는지를 보여준다.

9. 고찰 및 제언에서는 실험에서 제시된 결론을 해석하고, 오차값이 나온 원인에 대해 분석한다. 실험시 경험했던 문제점이나 실수 등을 기록하고, 다음 실험에 대한 개선안을 제시한다. 혹시 실험할 때 잊기 쉬운 주의점 등이 있으면 적어두고, 개인의 노하우를 기록하여 공유한다.

10. 참고문헌에서는 저자/책 혹은 논문 제목/출판사 및 학술지 이름, 제호/연도/참조한 페이지 수 등을 정확히 기록해야 한다. 그렇지 않으면 표절이 될 수도 있다.

머릿속에 그리는 밑그림, 연구 계획서 쓰기

나이 들어 다시 경험하는 대학원 실험실은 그다지 만만한 곳은 아니었다. 게다가 이공은 이미 실험노트 및 실험 보고서 조교를 자청해 후배들로부터 공공의 적이 된 터였다. 그렇다고 소신을 굽히진 않았다. 자기처럼 후배들이 같은 과정을 겪지 않게 하려면 기초부터 잘 닦아야 한다는 생각에서였다.

"한국 축구도 기초 체력을 강화한 뒤부터 세계적인 수준이 되었지. 처음에 히딩크가 선수들 매일 달리기 시키고 체력 훈련시킬 때는 다들 욕했지만, 그게 월드컵 때 빛을 발하는 것을 알았잖아. 마찬가지야. 이공계 출신도 글쓰기 기초 훈련이 된다면 회사나 연구소에서 훨훨 날 수 있다니까."

하지만 사람을 다루는 데 있어서 항상 채찍만 쓸 수는 없는 일이다. 이공은 이쯤해서는 당근 작전을 구사할 때가 되었다고 판단돼 입이 댓 발은 나온 후배들을 데리고 후문 근처 맥줏집으로 향했다. 저마다의 술잔에 맥주가 채워지고 푸짐한 안주가 한 상 가득 나오자 후배들의 굳은 얼굴도 조금씩 풀리기 시작했다.

"너희 벌써 대학원 3학기가 지났는데, 논문 계획서는 잘 준비하고 있어?"

"에이, 그거 대충하면 되잖아요. 어차피 4학기 때 프로젝트 관련해서 기존 문서 따다가 제출하면 되는 거 아닌가요?"

"허허, 큰일 날 소리다. 나도 그렇게 지냈지만, 나중에 회사 들어가면 무지하게 고생한다. 석사논문 계획이야 그렇다 해도, 유학 가려면 외국 대학에 영어로 연구 계획서 보내야 하지? 그건 어떻게 할 건데?"

이공은 후배들이 주춤하는 틈을 타 더욱 강한 어조로 말을 이었다.

"하다못해 장학금 받으려고 해도 계획서를 잘 내야 해. 심사위원들이 너희 얼굴 보고 뽑는 게 아니라 연구 계획이 얼마나 논리적이고 창의적으로 구성돼 있는가를 보고 결정한단 말이다. 연구소에 들어갈 때도 마찬가지야. 연구소 가서 프로젝트 기안 해서 올릴 때도 그래."

후배들은 말없이 닭날개를 뜯으면서 맥주를 마셨다.

'하기야 얘들도 아직 개념이 없겠지. 나도 그랬으니까.'

이런 생각을 하며 이공은 가방에서 서류 뭉치를 꺼냈다.

연구 계획서란?

연구 계획서란 말 그대로 자신이 어떤 연구를 수행할지에 대한 예상 문서다. 보통 대학원에 입학하거나 졸업논문을 시작할 때 연구 계획서를 제출하라고 요구한다. 연구 계획서는 단순하게 '이런 연구를 시도하면 좋겠다' 정도의 막연한 예상이 되어서는 안 된다. 이 연구가 왜 필요한지, 연구를 통해 밝히고 싶은 것이 무엇인지, 구체적으로 어떤 과정을 거쳐서 답을 찾아낼 것인지에 대한 상세한 사전 조사가 모두 담겨 있어야 한다.

· 연구 계획서의 유용성

① 연구 계획서에는 반드시 '어떤 문제'를 '어떤 방식'을 통해 연구할 것인지가 담겨 있어야 한다. 이를 통해 연구 문제와 진행 과정을 한눈에 파악할 수 있다. 연구를 하기 위한 설계도며 머릿속에서 먼저 해보는 실험 정도로 생각하면 된다. 연구 계획서를 사전에 작성함으로써 문제점을 쉽게 찾아낼 수 있다.
② 계획서를 쓰면서 연구 과정에서 발생할 일들을 예상하고 일목요연하게 정리해둘 필요가 있다. 이렇게 하면 연구에 필요한 자료는 무엇인지가 구체적으로 파악되고, 어떻게 해야 시간과 비용을 아낄 수 있는지도 예상하기 쉬워진다.
③ 잘 쓴 연구 계획서는 지도교수, 연구 프로젝트 연구원 등 조언자들로부터 도움을 받기도 편하다. 정확한 설계도가 제시되어야만 해당 분야 전문가들이 연구의 목적, 과정 등에 대해서 쉽게 파악해서 문제점을 알려줄 수 있기 때문이다.
④ 연구 계획서는 실험실 및 연구실의 추후 연구 연구에도 도움을 줄 수 있다. 연구 계획과 실제 연구 결과를 비교해봄으로써 한 단계 나아간 실험이 가능해지기 때문이다.

이공의 연구 계획서는 다음과 같이 구성됐다.

 연구 계획서

0 개요

1 연구 제목

2 연구 목적

3 연구의 필요성

4 선행 연구 검토

5 연구 방법론

6 예상 결과 및 기대 성과

7 연구 일정

8 참고문헌

훌륭한 설계 속에 이미 성공적인 프로젝트가 들어 있다!

시작이 반이다. 성공적인 결과는 세심하고 논리적인 설계를 바탕으로 탄생된다.

"내가 이번에 쓴 박사논문 연구 계획서야. 일단 너희가 면접관이라고 생각하고 좀 봐줬으면 좋겠다."

"형, 개요는 뭐예요? 0번이 뭐죠?"

닭다리를 뜯던 후배가 눈을 동그랗게 뜨면서 물었다.

"음, 연구 계획서를 위해 미리 한번 써본 거야. 별다른 준비 없이 일단은 어떤 연구를 할 것인지 말하듯이 적어본 건데, 그렇게 하니까 머릿속에서 정리가 쉽게 되더라고."

말은 그렇게 했지만, 사실 이공은 개요를 쓰는 데 며칠을 보냈다. 개요를 쓰고 나서 다시 읽어보니 말이 안 되는 것 같아 고치고 고치기를 수차례 거듭했던 것이다. 그러나 그 시간이 결코 헛된 것은 아니었다. 그런 과정을 통해서 막연하기만 했던 연구에 대해 비교적 분명한 그림을 그릴 수 있었기 때문이다.

"개요는 실제 연구 계획서에는 넣지 않을 거야. 이건 설계도를 위한 초안이지. 화가가 그림 그리기 전에 밑그림부터 대강 그리는 것처럼 말이야. 그다음 단계는 제목을 잡는 거야. 연구 주제가 아무리 좋더라도 제목에 내용이 담겨 있지 않으면 별 의미가 없으니까."

이공은 맥주의 김이 다 빠질 때까지 연구 계획서에 대해서 후배들에게 일장 연설을 했다. 연구 목적부터 참고문헌 다는 방법까지 말이다. 처음에는 입이 퉁퉁 부어 있던 후배들도 어느덧 맥주를 홀짝거리면서 경청하기 시작했다. 연구 계획서 쓰기는 논문을 써서 졸업을 준비해야 하는 이들에게 매우 중요한 정보였기 때문이다.

이공의 연구 계획서를 읽은 한 후배가 말했다.

"와, 이거 대단한데요. 이대로만 진행된다면 정말 졸업논문은 걱정 없겠어요. 선배 말대로라면, 연구 계획서만 잘 만들면 대충 다 될 듯싶어요."

"다 된다는 건 좀 과장이겠지만 적어도 시작이 반이지. 연구 계획서가 잘되어 있어야 연구하는 데 혼란이 덜 생기니까."

이공은 자신의 생각이 후배들에게 조금씩 먹혀들어간다는 것이 기뻤다. 후배들은 자기처럼 시행착오를 겪지 않을 것이라는 생각에 뿌듯한 마음마저 들었다. 그래서인지 오늘 마시는 술은 유난히 달게 느껴졌다.

 연구 계획서 작성하기

① 연구 개요 쓰기
먼저 개요를 작성한다. 그것이 어렵다면 자기 연구 분야의 선행 논문을 찾아본다. 지도 교수 및 관련 분야의 유명 연구자들의 논문이나 그 목차를 활용해보자. 좋은 논문일수록 목차에 많은 내용이 담겨 있다. 목차를 보고 연구 계획서를 추정해볼 수 있다.

② 제목 붙이기
연구의 목적과 의의가 분명히 나타날 수 있도록 제목을 정한다. 제목이 분명하지 않으면 실험의 방향이 흩어지기 쉽기 때문이다. 이때 제목은 앞서 말했던 '가제목 짓기'를 참고한다.

· 제목의 예
- 식품 가공법에 대하여
- 육류의 보존 기간 증진을 위한 식품 가공법
- 육류 보존 기간 증진을 위한 훈연 처리법 개선에 대한 연구

여기서 예로 든 제목 중 가장 바람직한 것은 세 번째이다. 이렇게 제목을 구체적으로 한정지어놓아야 남들에게 분명하게 알리기도 좋고, 자신도 연구하는 데 유리하다.

③ 연구 목적 설정
연구 개요를 작성했다면 문제의식을 일목요연하게 정리한다. '왜 연구를 해야 하는가?' '주제는 무엇인가?' '범위는 어디까지로 한정할 것인가?' 등이 들어가면 된다. 연구 논

문은 대학자가 해당 분야 개론 교과서를 집필하는 것이 아니다. 따라서 주제를 구체적으로 한정해서 '어디까지 연구하겠다'라는 식으로 분명히 선을 긋고 시작하는 것이 좋다. 목적 부분에 연구에서 사용하게 될 주요 용어에 대한 조작적인 정의가 포함되면 좋다. 어떤 용어를 선택할 것인지에 따라 연구 방향 자체가 바뀔 수 있다. 용어를 정리하면서 연구 전체를 지탱해주는 대가설에 대한 언급도 빼놓지 말자.

④ 연구의 필요성
연구를 아무리 잘해도 그것이 쓸모없다면 헛수고가 된다. 이 연구가 왜 필요한지에 대해서 언급을 해야 한다. 이 연구를 통해 학문에는 어떻게 기여할 수 있고, 실용적인 측면에서는 어떠한 효과가 있는지 쓰는 것이다.

⑤ 선행 연구 검토
기존에 이와 유사한 연구가 있었는지 찾아본다. 같은 연구를 반복하는 것은 연구로서 가치를 인정받지 못한다. 따라서 선행 연구 자료를 폭넓게 살펴본 뒤 기존 연구와의 유사점과 차이점을 분명하게 밝힌다. 과학 연구는 기존 연구에서 한 발짝 나아가는 것을 목표로 한다. 먼저 선행 연구의 업적을 꼼꼼히 살펴봤다는 점을 강조하고 선행 연구가 지닌 의미에 대해서 상세히 밝힌다. 그리고 선행 연구가 참고한 문헌은 어떤 것인지에 대해서도 언급한다. 그러고 나서 그것의 한계를 드러내고 자신의 연구 주제는 그 한계를 넘어 새로운 사실을 제시할 수 있을 것이라는 사실을 밝힌다.

⑥ 연구 방법론
연구 목적과 선행 연구의 한계 등을 토대로 자신이 연구할 주제 및 결과를 예측하고, 이를 증명할 만한 방법론을 제시한다. 자신이 내세운 모형이나 가설을 검증하기 위한 방법을 소개하는 것이다. 연구하는 과정에서 어떠한 방법과 수단을 사용할 것인지를 명확하게 밝힌다. 즉 특정한 방법을 사용하게 된 이유를 써야 한다. 어떤 실험 방법을 쓸

것인지, 어떤 조사 도구와 재료를 쓸 것인지가 결과에 영향을 미칠 수 있다. 따라서 이 연구에는 이러한 방법론이 '꼭' 필요하고, '가장' 타당한 절차임을 내세울 수 있어야 한다.

⑦ 예상 결과 및 기대 성과
무엇이든 계획을 세울 때는 결과를 예상하게 된다. 실험이 계획대로 진행된다면 어떠한 결론을 얻게 될 것인지 서술하면 된다. 이렇게 얻어진 결과가 어떤 의미를 갖는지 설명한다. 또 결과가 가설을 입증함으로써 얻는 의의가 무엇인지 쓴다. 더불어 이 같은 결과를 도출할 경우 향후 이 분야의 연구에 어떠한 긍정적인 영향을 미칠 수 있을지에 대해서 언급한다.

⑧ 연구 일정
연구 일정은 연구를 최종적으로 제출할 시점을 먼저 설정하고 거꾸로 날짜를 역산해서 잡는 것이 편리하다. 'D데이'를 설정하는 것과 같다. 현실적으로 연구를 할 수 있는 날을 헤아려서 전체 기간을 잡으면 된다. 다만, 실제 발표일보다 다소 여유를 둬야 연구 중 발생할 수 있는 우발적인 사건에 대비할 수 있다. 예를 들어 연구 결과서를 10월 1일에 제출하기로 하고 10월 20일에 제출하면 연구자의 신뢰성이 떨어진다. 그러나 10월 30일에 제출하기로 하고 10월 20일에 제출하면 반대가 될 것이다. 물론 그렇다고 시간을 터무니없이 길게 늘여서도 안 된다. 모든 서류는 제출 기간이 있다는 사실을 기억해두자.

⑨ 참고문헌
자신이 참고한 문헌을 솔직하게 기록한다. 참고문헌은 이 연구가 기존의 연구를 어떻게 조사했는지를 보이는 것이다. 또한 다른 연구자들이 후속 연구를 위해서 어떤 문헌에서 시작해야 하는지 도움을 주는 수단이기도 하다. 따라서 연구 윤리에 입각해서 솔직하고

정확하게 써야 한다. 그러나 '있어 보이기 위해서' 읽지도 않은 논문이나 서적을 기술하면 안 된다. 심사자나 독자는 참고문헌을 통해 심사하고 연구한다. 만일 허위 사실이 밝혀지면 큰 문제가 될 수 있다. 실례로 논문 한 편을 읽은 뒤 이 논문에 첨부된 참고문헌을 그대로 복사해 제출한 사람이 있었다. 이를 읽지 않았음은 물론이다. 그런데 이때 원 논문의 참고문헌에 오타가 있었는데 이마저 그대로 기입하는 바람에, 자신이 실제로는 읽지도 않은 논문을 참고문헌으로 기록했음이 들통나 망신을 당한 경우가 있다. 아울러 참고문헌을 작성할 때는 해당 분야 학회지의 논문 투고 요령을 활용하자. 작성 방법은 대동소이하지만 학문 분야별로 조금씩 다른 경우도 있기 때문이다. 참고문헌 등을 규격에 맞추지 못하면 품격이 다소 떨어질 수 있다는 점에도 유의하자.

논문 작성시 고려해야 할 사항들

"학교 다니는 건 어때? 힘들지 않아?"

커피 브레이크 시간에 표현정이 물었다.

"회사랑 같이 다니려니 좀 힘들긴 해도 재밌네요."

"그래 잘해봐. 보통 귀찮아서라도 안 하려고 할 텐데 이것저것 열심히 하려고 하니 대단하다."

"대단하긴요, 뭘. 아 참, 이번에 저널에 페이퍼 프로포절 하나 냈습니다."

"그래? 학교 다닌 지 몇 달 안 되었는데 벌써 데이터 모은 거야?"

"그건 아니고 지난번 연구소에서 프로젝트 하다가 중단된 게 있거든요. 회사에서야 제품 개발하고 크게 상관없는 프로젝트니까 중단시

컸던 건데, 학교에서는 나름 논문거리가 될 것 같아서 추가 실험 몇 개 더 해서 보내려고요."

"그거 잘됐네. 페이퍼 나오면 다 네 실적에 추가되는 거니까. 잘해봐."

"부디 에디터한테 리젝트나 안 당했으면 좋겠어요."

"리젝트는 무슨? 너 실력 있잖아. 기다려봐, 곧 억셉트 되었으니 프루프 리딩proof reading이나 한번 하라고 연락 올 거야."

이때 문득 전이공이 물었다.

"근데 말이에요. 지금 막 떠올랐는데, 지금 우리가 이렇게 이야기하고 있는 상황을 일반 사람들이 이해할 수 있을까요?"

"글쎄. 아무래도 그냥 이해하긴 힘들겠지?"

"만약 다른 사람들에게 이 상황을 설명하려면 어떻게 해야 할까요? 처음부터 전공 용어로만 배웠더니 뭐라고 말해야 할지 잘 모르겠어요."

"음, 일단 저널journal은 학술지라고 말하면 되고, 페이퍼paper는 사람들이 종이나 신문쯤으로 알 테니 논문이라고 해야겠지. 프로포절proposal은 연구 계획서인데, 여기서는 연구 계획서뿐 아니라 논문 심사 낼 때도 그냥 '프로포절 낸다'고 하니 구별해서 써줘야겠지. 그리고 리젝트reject는 '논문 게재 거부'일 테고, 억셉트accept는 '논문 게재 허가'가 되겠지. 마지막으로 프루프 리딩proof reading은 우리말로는 '퇴고' 정도가 되지 않을까?"

"헉, 어째 그게 더 어렵게 느껴지네요."

"어렵긴? 모두 일반적으로 쓰는 단어인데, 우리가 안 써 버릇해서 그런 걸 거야. 반대로 다른 사람들은 우리가 쓰는 용어를 들어본 적이 없기 때문일 테고. 결국 효과적인 표현이란 상대의 언어와 나의 언어를 잘 알고, 가능하면 상대에게 맞춘 표현 아닐까 싶어."

표현의 포인트는 익숙함

표현정과 대화한 다음 날, 다시 학교 연구실로 출근한 이공에게는 계속 그 말이 맴돌았다.

'그래, 결국 문제는 '익숙함'이었던 것 같아. 나한테 익숙하지 않은 말은 일반적인 단어라도 상대적으로 어렵게 느껴지고, 익숙한 단어는 어렵더라도 쉽게 이해되는 것처럼. 표현의 포인트는 거기에 있었던 거야.'

거기까지 생각이 미치고 나니 머릿속이 좀 밝아지는 느낌이었다.

'그러고 보니 석사논문 처음 쓸 때는 참 막막했지. 논문의 형식이나 용어가 너무 낯설어서 말이야. 누구한테 물어보기도 뭣해서 혼자서 몇날 며칠을 끙끙대며 만들었는데…. 그러고는 논문이랍시고 교수님께 자랑스레 내밀었을 때, 교수님의 그 표정을 아직도 잊을 수가 없어. 그

음… 웨이터… 나, 슈가 이빠이 넣은
아이스 에스프레소 더블 샷하고…
에어컨디셔너 좀 온하면 안 될까?
내가 드레스가 좀 볼륨이 있어서 좀 핫하네……

아무리 쉬운 단어라도 평소에 익숙하지 않으면 낯선 느낌이 든다. 글을 처음 쓸 때의 낯설음은 여기에서 기인한다.

황당해하시던 표정이라니, 흐흐.'

결국 그날 교수는 전이공과 같이 실험했던 박사과정 선배를 불러서 야단을 쳤다는 후문이 있었다. 후배가 논문 쓴다고 혼자서 애쓸 때 보고도 도와주지 않고 방관했다는 이유로 말이다. 화가 난 선배가 며칠간 쥐 잡듯 이공을 잡았지만 별다른 도움은 되지 못했다. 그 선배 역시 그렇게 선배들이 논문을 쓸 때 어깨 너머로 배우거나 기존의 논문들을 흉내 내어 쓰면서 수많은 시행착오 끝에 익숙해졌지, 어떻게 써야 하는지에 대한 개념을 따로 가지고 있었던 것이 아니었기에 이공에게 이를 제대로 전달해주지 못했던 것이다. 이공은 그래서 이번에는 아예 처음부터 논문을 어떻게 써야 하는지에 대한 방법론까지 정리해가며 논문을 쓰기로 마음먹었다. 그렇게 하면 자신에게도 도움이 되겠지만, 처음 논문에 도전하는 후배들의 시행착오를 줄여줄 수 있으리라는 생각이 들었기 때문이다.

먼저 이공은 논문의 개요를 훑어보았다. 보통의 논문은 제목Title-초록Abstract-도입부Introduction-연구 방법Method-실험 및 결과Result-결론Conclusion-참고문헌Reference 등의 순으로 이루어진다. 제목에서는 연구의 내용과 의미를 함축해서 보여줘야 하고, 초록에서는 연구 전체의 내용을 요약해서 초록만 봐도 개괄할 수 있게 해주어야 한다. 즉, 초록은 연구 주제의 목적과 결과, 알아낸 사실들을 일목요연하게 정리하여 전체를 한눈에 보여주는 것이다. 그리고 도입부에서는 이 연구를 수행하게 된 이유와 목적, 동기와 필요성, 이 연구가 시행되기 이전에 이미 이뤄진 선행 연구들을 소개하여 연구 결과를 이해하기 전 숙지해야 할 사전 지식들을 제공해야 한다. 그리고 연구 방법에는 연구에 사용된 도구들과 연구가 시행된 시간 및 장소, 연구 방식과 절차 등을 구체적으로 기술해야 한다. 여기에 적힌 방법만으로 실험하면 누구든 같은 결과를 얻을 수 있을 정도로 말이다.

 실험과 결과에서는 연구의 가설을 설명하기 위해 시행했던 실험들을 차근차근 제시하고 결과들을 보여주어야 하며, 각 실험은 사진이나 그래프, 표 등으로 한눈에 알아볼 수 있게 제시해주어야 한다. 결론 부분에서는 결과들을 통해 맨 처음 제시했던 연구의 필요성이 증명되었음을 밝힌다. 단, 모든 연구가 가설대로 결론이 나는 것은 아니기 때문에 가설과 어긋났다면 이를 그대로 밝히고 어긋난 이유를 살펴서 제시해야 한다.

 더불어 본 연구의 한계와 이를 보완하기 위해 추가로 연구되어야 할 사항들을 객관적으로 제시하는 것도 좋다. 마지막으로는 참고문헌을 달아 본인의 연구가 기존 이론에 의해 뒷받침되고 있음을 알리고, 타인의 연구 결과를 함부로 도용하지 않았다는 윤리의식을 포함시켜야 한다.

 **논문 쓰기 초안**

1. 제목 잡기

· 제목은 새롭게

일반적인 글은 제목에서 모든 걸 보여주지 않는다. 독자의 흥미를 유발시켜야 하기 때문이다. 그러나 논문의 경우 제목은 베일에 싸인 얼굴이 아니라 드러난 맨얼굴이다. 얼굴은 사람을 구별하는 주요한 요소이듯, 제목 역시 논문을 구별하는 중요한 요소이다. 논문을 읽을 이들에게 어필하기 위해서는 가능하면 이 연구를 통해 새롭게 발견된 사실을 제목에 넣어주는 것이 좋다. 이럴 경우, 연구가 종결된 뒤에야 제목으로 쓸 것들이 발견될 수 있다. 따라서 처음에는 가설에 바탕하여 가제를 정한 뒤 나중에 고치는 것도 한 방법이다.

예를 들어 '홍삼 성분이 피부세포의 사멸에 미치는 연구'라는 제목보다는 '홍삼에서 유래한 X성분의 피부 노화 억제 기능' 등으로 다는 것이 좋다.

· 제목은 간결하게

쓸데없는 장신구만 주렁주렁 달았다고 예뻐지진 않는다. 제목이 너무 길면 뚜렷한 의미를 파악하기 힘들므로 제목은 가능하면 함축적이고 간단하게 다는 것이 좋다. 즉 모든 것을 담으려 하지 말 것.

예를 들어 '인도의 수마트라에서 서로 다른 깊이의 해저에서 발생한 지진해일이 동남아시아를 거쳐 한반도까지 유입될 때 계절별·지역별·조수간만의 차이에 의해 나타나는 영향' 보다는 '해저지진의 진원지 깊이에 따라 한반도에 미치는 영향의 차이'라고 간

결하게 정리해주는 것이 좋다

2. 서두 쓰기

· 문제와 필요성을 제기한다
순서상으로는 제목 다음에 초록이 와야 하지만, 초록은 그 특성상 가장 마지막에 쓰여져야 하므로 서두부터 시작한다. 서두에서 가장 먼저 써야 할 것은 연구의 정당성을 밝히는 일이다. 자신의 연구가 왜 필요한지를 읽는 이에게 설득시키는 것이다. 아무리 열심히 했다 해도 연구의 방향이 명확치 못하고, 필요성이 느껴지지 않는다면 아마추어의 호기심 탐색밖에 될 수 없다. 따라서 서두에서는 자신이 왜 이 연구를 시작했는지, 어떤 문제점을 해결할 수 있는지, 이 연구가 왜 필요한지 등을 서술해야 한다.

· 선행 연구들을 정리한다
아무리 중요하고 필요한 연구라 할지라도 과거에 동일한 연구가 행해졌다면 이를 반복할 필요는 없다. 따라서 선행 연구들을 정리하는 과정을 보여주며, 이 분야가 사람들의 관심을 많이 받고 있는 필요한 분야임을 각인시킴과 동시에, 자신의 연구는 선행 연구와 차별성이 있다는 사실을 분명히 제시해야 한다.

· 가설과 실험의 순서를 밝힌다
이렇게 연구의 필요성과 독창성을 제시한 뒤에는 앞으로 자신이 어떤 가설을 증명하기 위해서 어떤 순서대로 어떤 실험을 할 것이고, 어떤 조사를 할 것이며, 어떤 연구를 할 것인지를 제시하여 읽는 사람으로 하여금 다음에 나올 본문의 내용을 미리 파악할 수 있도록 해야 한다.

논문 쓰기의 실제, 인용과 표절 사이에서

"새롬아, 이게 뭐야. 도대체 무슨 말인지 이해할 수 있겠니?"

이공은 자신의 논문을 쓰는 틈틈이 후배들의 논문도 봐주고 있었다. 선배로서 후배들을 챙겨야 한다는 책임의식도 있었고, 자신이 후배들에게 실험 보고서와 연구 계획서 쓰는 법을 '전수' 해준다는 뿌듯함도 있었다. 자신은 혼자서 시행착오를 거치며 체계적인 표현 방법을 하나씩 터득했다고 생각하던 차였기에, 학교로 돌아와 후배들에게 자신의 노하우를 알려준다는 생각에 흐뭇했던 것이다. 그런데 막상 실전에 돌입하니 생각과는 많이 달랐다. 이공은 연구 계획서를 체계적으로 쓰고 논문의 주제와 제목을 정한 다음 서두와 실험 방법을 쓰면 논문의 절반은 끝난다고 생각했지만, 실제 들어가보니 도입부조차 제대로 쓴 후배들이 거의 없었다. 특히 이공이 눈독(?) 들인 후배 이새롬의 논문은 엉망이었다. 도입부부터 이해하기 힘든 문장으로 구성되어 있었다. 이공은 새롬이 석사 졸업을 앞두고 있는데도 여전히 헤매고 있다는 사실이 걱정되었다. 물론 그 걱정이 선배로서의 순수한 걱정인지, 아니면 사심이 섞인 것인지는 알 수 없지만 말이다. 송아름을 두고 또다시 새롬에게 마음을 준 전이공. 갈대와 같은 남자의 마음은 이런 것이었나보다.

"새롬아, 아무리 석사논문이라고 하지만 한 문장이 예닐곱 줄이나 되는 건 좋지 않아. 어디서부터 시작되고 어디서 끝나는지조차 알 수가 없잖아. 이건 지도교수님도 이해하기 힘들겠다. 그리고 단어를 이렇게 막 붙여서 쓰면 어떻게 해? 최소한 명사 뒤에는 적절한 조사들을 붙여야 하는 건 기본이잖아. 그런데 이거 봐. 명사와 명사가 붙어 있을 뿐 아니라, 여기는 아예 조사가 잘못 붙어서 비문이 됐잖아. 그리고 이건 서론인 것 같은데 연구 결과가 왜 뒤에 바로 나와 있지? 연구 방법이나 절차는 어디 있어?"

이공은 안타까운 마음에 한꺼번에 많은 이야기를 속사포처럼 쏟아내고 말았다. 이공은 정말로 걱정해서 꺼낸 말이었지만, 그 말을 듣는 새롬은 금방이라도 울음을 터트릴 것 같은 표정이었다.

"선배 이런 말씀 드려서 죄송한데요, 제가 조사나 문법에 좀 신경을 못 쓴 것은 사실이에요. 하지만 형식보다는 내용을 봐야 하는 거 아닌가요? 저 정말 많이 노력했다고요. 아시잖아요, 제가 이 결과 만들어 내느라 얼마나 밤을 많이 샜는지요. 그런데 그깟 문법 좀 틀렸다고 어떻게 그렇게 심한 말을 하세요?"

새롬은 금방이라도 떨어지려는 눈물을 간신히 참으며 이공에게 말했다. 새롬 역시 이공에게 마음이 없는 건 아니었다. 그래서 가장 먼저 논문의 초안을 이공에게 보여준 것이었다. 큰 칭찬까지는 아니더라도 '새롬이, 정말 열심히 했구나' 라는 말을 기대하고 보여주었던 것이다. 그런데 격려는 못 해줄망정 작은 실수를 꼬투리 잡아 지적하는 이공이 너무나 서운했다.

"음, 내 말이 섭섭하게 들렸다면 미안하다. 하지만, 난 말이야…"

"아뇨, 됐어요. 오늘은 더 이상 선배 얘기 못 듣겠어요. 어쨌든 가르침 감사합니다."

새롬은 이공의 손에서 논문 초안을 가로채듯 앗아가더니 연구실 밖으로 나가버렸다.

"내가 너무 심했나?"

이공은 기분이 영 개운치 못했다. 자기 나름으로는 새롬이 잘되기를 바라고 한 말이었지만, 그걸 지적한 태도가 잘못된 듯했다.

'새롬이 저거, 나가서 우는 거 아냐? 어휴, 이 바보야. 그럴 때는 좀 미흡하더라도 칭찬부터 해줬어야지. 사실 내용 자체는 나쁘지 않았잖아. 전이공, 넌 후배들 앞에서 잘난 척은 있는 대로 해놓고 정작 커뮤니케이션은 엉망이구나. 도대체 이런 커뮤니케이션 능력을 가지고 무슨 배짱으로 잘난 척했는지, 원. 쥐구멍이라도 있으면 들어가고 싶네. 어휴.'

'정말 내가 그렇게 문법을 못 하나?'
새롬은 이공과의 사건 이후 충격을 받아 한동안 논문에 손을 댈 수가 없었다. 하지만 심사일이 다가오고 있었기에 언제까지고 미뤄둘 수도 없는 일이었다. 이공의 지적에 무척이나 기분이 상했지만 진정된 뒤 다시 읽어보니 스스로가 봐도 무슨 말인지 이해할 수 없는 문장이 태반이었다. 얼핏 보면 알 수 있을 것 같은데, 꼼꼼히 읽으면 읽을수록 이해 불가였다.

'역시, 문장을 다시 고쳐야겠어. 이건 정말 초등학생도 아니고, 원.'
새롬은 마음을 가다듬고 문장들을 문법에 맞게 고치고 다듬었다. 그러고 나니 읽기에 훨씬 수월하고 내용 전달도 잘되는 듯했다.

'이공 선배가 얘기한 게 이런 거였나? 문법에 맞지 않거나 문장 구조가 잘못되면 좋은 내용이라도 제대로 전달되지 않는다는 거? 이렇게 고쳐놓고 보니 선배가 그랬던 게 이해는 되는데, 그래도 그렇게 심하게 말할 것까진 없잖아. 그냥 부드럽게 지적만 했어도 다 알아들었을 텐데.'

새롬은 이공의 마음을 이해하면서도 가시지 않는 서운함에 입술

 **논문의 실제: 내용과 형식 모두 신경 써야 한다**

논문 쓰는 것을 두려워하는 이공계 대학생(대학원생)들이 의외로 많다. 논문은 기본적으로 제목, 초록, 도입, 분석과 논의, 맺음 그리고 참고문헌의 순서로 구성된다. 그런데 논문의 내용에 너무 치중한 나머지 그 형식에는 신경을 쓰지 않거나 무시하는 이공계생이 적지 않다. 특히 전체 얼개를 짜는 것에서부터 미숙한 이들이 많다. 논문은 내용으로나 형식적으로 모두 신경을 써야 한다. 연구에서 가장 중요하다고 판단되는 부분은 장과 절로 세분화하고 분량도 기장 많이 할애해야 한다. 논문 전제의 구성은 본론을 어떻게 구성하느냐에 따라 가장 크게 좌우된다고 해도 과언이 아니다.

특히 결론이 중요하다. 연구 논문의 진정성을 인정해 본론을 건너뛰고 결론만 읽는 사람도 많기 때문이다. 본론보다 결론을 도출하는 데 가장 많은 시간을 할애해야 한다는 주장도 나올 정도다. 따라서 결론은 논의된 내용을 정제된 표현으로 요약하고, 최종 결론 역시 충실하고 명확히 제시하되 논문의 10퍼센트를 넘지 않는 분량으로 쓰는 것이 좋다.

을 삐죽거렸다. 우여곡절 끝에 본문은 거의 작성했지만, 아직까지 가장 귀찮고도 복잡한 문제가 남아 있었다. 사실 논문을 작성하면서 새롬을 가장 힘들게 한 것은 이공 선배가 지적한 '문장력'이나 '논문의 구성'이 아니라 어디까지 인용의 출처를 밝혀야 하고 어디까지 내가 발전시킨 내용인가를 구분하는 일이었다. 수업을 통해 교수님께 배운 내용도 출처를 밝혀야 하는지, 논문이나 책에서가 아닌 친구나 선배를 통해 얻은 것이나 신문, 인터넷 검색을 통해 잠깐 본 정보임에도 굳이 찾아서 출처를 밝혀야 하는지 애매했다. 선행 연구를 인용하는 과정에서도 표절인지 단순 인용인지 구분하기 어려웠다. 인터넷으로 검색을 해봐도 새롬은 자신의 고민에 대한 뚜렷한 해답을 찾기 어려웠다.

"이럴 때 선배는 어떻게 해결했을까? 분명 같은 고민을 해봤을 텐데…."

새롬은 아주 잠깐 이공에게 전화해서 물어볼까라는 생각이 들었지만, 곧 접었다. 그날 그렇게 당해놓고서는 먼저 전화한다는 게 너무나 자존심 상했기 때문이었다.

'아, 도대체 어디까지 인용으로 처리해야 하지? 참고문헌 목록은 또 어떻게 뽑아야 하고? 내가 읽은 논문을 다 써야 하나? 아니면 내용과 연관된 것만? 실험 방법 참조한 것도 원전을 밝혀 써야 하나? 아, 머리 아파. 이거 요즘에는 잘못하면 표절로 걸린다는데 어디까지가 표절이고 어디까지가 괜찮은 거야?'

인용의 원칙

인용은 논문 저자의 논변을 강화하거나 이해시키는 수단이며 논문의 신뢰도를 높이는 방법이 된다. 인용한 저자의 권위를 통해서 자신의 주장이 지닌 타당성과 정확성을 강조하기도 하고 다른 사람의 견해와 비교해서 자신의 연구 결론과 주장이 옳음을 강조하기도 한다. 또 제대로 된 인용은 독자의 이해를 돕기도 한다. 그러나 인용을 제대로 하지 못해 소위 사고가 나는 경우가 많다. '누구'의 것을 참고했고 자신의 글에서 그것이 '어떻게' 이용됐고 다른 사람들이 그것을 '어디'에서 찾을 수 있는지 제대로 밝히지 않아 후에 표절 의혹을 받거나 평가절하되는 사례가 적지 않다. 따라서 사고를 줄이기 위해서는 다음과 같은 원칙을 지켜야 한다.

· 반드시 필요할 때만 인용한다.
· 충분한 가치가 있는 것만 인용한다.
· 원저자의 의도를 벗어나지 않도록 한다.
· 가능한 한 짧게 한다.
· 직접 인용은 원칙상 일차 자료에 한정한다. 불가피할 경우 다른 사람이 인용한 것을 재인용하되 반드시 그 사실을 밝힌다.
· 영어 등 다른 언어로 쓰인 문헌을 인용할 때는 인용 부분을 번역해 본문에 끼워 넣고 원문은 주로 처리한다.
· 인용한 출처를 밝혀야 한다. 원전이나 원 자료에서 그대로 가져온 단어나 구 또는 절은 직접 인용의 방법으로 소개하고 출처를 밝혀야 한다. 특히나 논문에 있어서 인용은 매우 중요하다. 단 한 줄이라도 자신이 연구한 결과나 자신의 생각이 아닐 경우 반드시 밝혀주어야 한다.

표절이란 무엇인가?

표절 논란은 사회적으로 큰 이슈가 되었다. 논문 표절로 장관직에서 물러나고 총장직에서 사퇴한 예도 있다. 특히 논문 짜깁기 관행은 한국 대학사회에 만연돼 있는 대표적인 부정적 글쓰기 사례로 꼽힌다. 연구 윤리와 학문의 진실성보다는 실적주의에 빠진 한국 대학의 문제점이기도 하다. 표절은 논문 작성자의 도덕성과 양심에만 맡겨 해결될 수 있는 것은 아니다. 미국 대학에서는 이미 커리큘럼으로 만들어 학생들과 교수에게 교육시키고 있다. 교육인적자원부는 지난 2008년 국내 한 대학 연구팀에 '인문·사회과학 분야 표절 가이드라인 제정을 위한 기초연구'를 의뢰, 논문 표절 가이드라인 모형을 개발한 바 있다. 이공계에 직접적으로 적용하기는 힘든 부분도 있지만 본질은 같다는 점에서 중요하게 참고할 만하다.

이 가이드라인에 따르면 아래의 경우 표절로 판정할 수 있다.

- 여섯 단어 이상의 연쇄 표현이 일치하는 경우
- 생각의 단위가 되는 명제 또는 데이터가 동일하거나 본질적으로 유사한 경우
- 타인의 창작물을 자신의 것처럼 이용하는 경우

자기 표절 - 어디까지 허용할 것인가?

표절은 타인의 것만을 베끼는 것에 국한되지는 않는다. 스스로가 만들어낸 것이라도 문장 그대로 가져다 썼을 경우, '자기 표절'이 된다. 스스로가 자신을 저작권법 위반으로 고소하지는 않겠지만, 자기 표절을 반복하게 되면 발전 가능성이 제한된다.

또 연구 내용은

· 남의 표현이나 아이디어 출처 표시 없이 쓰거나 창작성이 인정되는 않는 짜깁기
· 연구 결과 조작
· 저작권 침해 가능성이 높은 저작물 등의 경우에는 '중한 표절'로 분류해 파면, 감봉 등 중징계를 할 수 있도록 했다. 이와 함께 저작물을 부당하게 이용하거나 주요 내용의 자기 표절, 과거 저작물과 새로운 저작물을 구분하지 않은 중복 게재 등은 '경미한 표절'로 분류했다.

연구 제안서, 핵심을 찔러라

전이공 대리는 변해가는 자신의 모습과 또 후배들에게 무엇인가를 전해주고 있다는 자부심에 차 하루하루를 보냈다. 업무와 학업을 병행하는 것이 결코 쉬운 일이 아님에도 즐겁게 살 수 있는 것은 바로 변화가 주는 활력 때문인 듯싶었다.

"어이, 전 대리 홍보실 생활은 할 만한가?"

자판기 앞에서 누군가 부르는 소리에 뒤돌아보니 연구소 시절 팀장이 서 있었다.

"아, 박사님, 그간 안녕하셨습니까? 저야 물론 잘 지내고 있지요. 그러고 보니 박사님도 이번에 수석 연구원으로 진급하셨다는 얘긴 들었습니다. 축하드립니다."

"축하랄 것까지야 뭐 있나, 때 되면 남들도 다 하는 것 가지고. 생각보다 얼굴이 좋아졌는걸?"

"아, 요즘 새로운 것들을 배우고 있어서 그런가봅니다. 나름 재미가 있어서요."

"잘 적응하고 있다니 다행이야. 지금에야 하는 얘기지만 홍보실로 가면 잘할 수 있을지 걱정했다네. 그나저나 자네 지도교수께서 나노 관련 전문가시지? 요즘도 연락하나?"

"네, 사실 대학원에 다시 들어가서요. 매주 이틀은 학교에 나가고 있습니다."

"그래? 잘됐군. 안 그래도 이번에 우리 팀에서 만들 새 제품에 나노캡슐 기술이 들어가서 말이야. 교수님께 자문 좀 받으려고 하는데 인사 좀 시켜주겠나? 괜찮으면 아예 아웃소싱을 해도 좋고 말이야."

연구 과제 공모전 준비

전 대리는 지도교수와 박 부장을 연결시켜주면서 좋은 정보를 하나 얻을 수 있었다. 조만간 나노과학을 접목시킨 새로운 화장품에 대한 연구 과제 공모전이 있을 것이라는 소식이었다.

"후배들에게 미리 준비하게끔 하면 한두 명은 수상할 수 있을 거야. 아무래도 미리 고민하는 게 더 좋겠지."

전이공은 신이 났다. 그동안 후배들에게 반강제로 시켰던 연구노트 작성이나 연구 계획서 작성 연습이 성과를 거둘 기회가 온 것이다. 그뿐 아니라 불만 가득했던 후배들에게 "봐라, 형이 시키는 대로 하니까 다 도움이 되지?"라고 자랑할 수 있는 기회였다. 학교로 찾아간 전 대리는 후배들과 식사 자리에서 '비밀'을 털어놓았다. 경기가 안 좋아 취업이 잘 되지 않던 터라, 상금도 주어지고 취업에 도움이 될 만한 공모전 소식을 듣고 후배들은 기뻐했다.

"자, 다음 주까지 일단 아무거나 써와. 내가 좀 봐줄게."

일주일이 지난 뒤 이메일로 후배들의 기안서를 받아본 전 대리는 깜짝 놀랐다. 거의 일기 수준으로 써놓은 문서를 기안서라고 보내온 것이다. 물론 적절한 형식을 갖춰주지 않은 자신도 잘못이지만, 초등학생 방학 일기 쓰듯 보내온 후배들을 보니 가슴이 답답했다.

"아직도 갈 길이 멀구나. 어휴, 답답해."

이렇게 말하고는 한숨을 내쉬었지만 개구리 올챙이 적 생각 못 한다고 그때쯤 자신은 더 심했을지도 모른다는 생각에 마음을 다잡고, 후배들에게 무엇을 알려줘야 할지 고민하기로 했다.

형식에 맞춰라

전 대리는 일단 프로젝트를 많이 발주하는 기관의 홈페이지에 들어가 문서를 내려 받기로 했다. 기관마다 형식은 조금씩 달라도 대체로 요구하는 수준은 비슷하기 때문에 몇 가지 양식을 주고 설명해주는 것이 좋을 듯싶었다.

"얘들아, 주목! 지난번에 내가 얘기한 연구 제안서 말인데, 아무래도 너희가 지금 쓴 거로는 안 되겠어. 제안서 쓸 때 고려해야 할 사항이 너무 많이 빠졌어. 이번에 우리 회사에서 공모하는 것의 성격을 잘 파악해봐. 우리 회사는 화장품 회사야. 그런 곳에서 나노 기술이 필요한 게 뭐가 있겠어. 바로 화장품의 성분을 피부로 더 잘 침투시키는 거 아니겠어? 그러니까 우리 제안서도 그런 가능성을 강조해야 뽑힐 수가 있을 거야. 그런 점을 고려해서 다시 준비해봐."

전이공 대리는 후배들에게 얘기하면서 스스로도 반성을 했다. 사실 말이야 쉽지, 기안서를 작성하면 고참 선배나 상사들이 수정해주었기 때문에 그동안 자신도 여러 프로젝트를 수행할 수 있었던 것이다. 전 대리는 후배들에게도 '첨삭 교사' 역할을 하겠다고 다짐했고, 그러면서 자신도 관리자로서의 자질을 높일 수 있다는 생각에 뿌듯해했다.

핵심을 찾아 집중 공략하라!

핵심 포인트만 잘 맞추면 아무리 큰 거인도 넘어뜨릴 수 있다. 기안서처럼 누군가에게 자신의 의견을 제안하는 글을 쓸 때에는 정확한 포인트를 확실하게 제시해야 한다.

 **TIP** 연구 제안서 쓰기

1. 프로젝트의 취지를 이해할 것

제안서에는 발주하는 프로젝트의 목적이 명확하게 적혀 있다. 기관이나 기업들은 대체로 자신이 원하는 주제를 준다. 학술적인 목적으로 프로젝트를 주는 한국연구재단 등을 제외하고는 목적성을 갖는다. 따라서 해당 주제에 적합한지에 대해 먼저 고민해야 한다. 자신이 전공하는 분야에서 해당 주제에 지원이 가능한지의 여부를 고민하자. 아무거나 되는 대로 해보자는 식이면 자신뿐 아니라 소속 학교나 학과의 이미지도 훼손시킬 수 있다.

2. 적절한 내용을 적절한 자리에 기술할 것

제안서 양식에는 1) 연구 목표 2) 연구 내용 및 범위 3) 특기 사항 4) 연구 계획 5) 추진 상황 6) 예산 등의 항목이 포함된다. 각 항목 아래에는 세부 항목이 존재한다. 예를 들어 연구 내용 및 범위 부문에서 보면 ① 필요성 ② 연구 내용 요약 ③ 연구의 착안점 및 척도 ④ 연구 추진 체계 ⑤ 기대 성과 및 활용 방안 ⑥ 인력 양성 계획 ⑦ 조직 및 연구원 편성표 ⑧ 기타 등이 있다.

각 항목은 해당 기관에서 오랜 기간의 경험을 거쳐 외부 프로젝트를 효과적으로 평가하도록 만들어놓았다고 볼 수 있다. 각 항목을 작성할 때는 항목별로 내용이 차별화될 수 있도록 한다. 예를 들어 연구 목표에 나온 내용이 기대 성과에 그대로 나온다든지, 특기 사항이 연구 계획과 동일하다든지 하는 실수를 범하지 않는다. 다시 말해, 각 항목은 저마다 필요하기에 있는 것이고 반드시 평가의 대상이 된다는 점에서 중언부언하거나 횡설수설하지 않도록 만반의 준비를 한다.

3. 평가자는 전문가다

제안서를 보고 평가하는 이들은 대체로 해당 분야의 전문가일 가능성이 크다. 새로운 분야의 경우 더 유관 분야 전공자가 참석하기도 하지만 그래도 해당 분야의 지식을 갖추고 있게 마련이다. 따라서 이들의 눈높이에 맞춘 문서 작성을 해야 한다. 이때 해당 프로젝트에 지원하는 이유, 자신이 무엇을 더 잘할 수 있는지에 대해서 그 분야의 전문 용어와 개념을 사용해야 한다. 특정 분야에서 자신도 전문가임을 확실히 보여줄 수 있어야 하며, 관련 분야의 배경 지식을 충분히 익히고 있다는 점을 문서상에도 드러낼 수 있어야 한다. 연구 방법 등에서도 마찬가지다. 실험 방법이나 측정 방법 등을 서술할 때, 전문가들이 납득할 만한 방법을 언급해야 한다. 비합리적으로 서술하거나 중구난방으로 체계를 만들면 프로젝트를 받기 어렵다.

4. 핵심을 찔러라

평가자들은 전문가일 뿐 아니라 해당 기관의 의사 결정자일 가능성이 크다. 따라서 이들은 시간에 쫓기는 바쁜 사람들로 봐야 한다. 또한 평가자들은 한두 개의 제안서나 보고서만 보는 것이 아니라 수십 개에서 수백 개의 제안서를 평가할 것이다. 따라서 자신의 제안서가 눈에 띄려면 꼭 필요한 것만 핵심적으로 뽑아 써야 한다. 하나마나한 말들로 기안서의 양만 늘린다면, 연구 내용이 아무리 좋다고 하더라도 부정적인 인식을 심어줄 수 있다. 제안서는 보통 본 보고서와 요약 보고서로 나뉘는데, 요약 보고서 부분에 본 보고서를 충분히 요약하되 핵심을 담도록 한다. 짧은 시간 동안 훑어보더라도 내용이 들어올 수 있도록 서술해야 한다.

5. 응용 가능성을 강조하라

기초 학문적인 측면과 함께 응용 가능성과 실용화 가능성도 함께 고민해봐야 한다. 보통 특정 전문 분야가 있는 기관의 프로젝트는 특정 기술의 개발 및 검증을 요구하는 경우가 많다. 학교 등에서 연구하는 주제를 실용적으로 연결시킬 수 있다는 점을 보여주면 유리하다는 것이 평가자들의 조언이다. 학술적 목적의 프로젝트도 마찬가지다. 과도하게 실용적인 측면을 강조하는 것은 분명히 문제가 되겠지만, 너무 학술적인 것만으로는 눈에 띄기 힘들다. 따라서 학술적인 프로젝트의 제안서에서도 기초 연구의 성과로도 훌륭하지만, 응용 가능성도 있기 때문에 연구 지원이 절실하다는 인상을 주면 좋다.

논문, 제안서, 발표문은 뭐가 다르지?

 전이공 대리의 후배들은 요즘 머리가 아프다. 선배의 열정적인 가르침이 고맙긴 하나 수학과 전산적인 것만 흡수하던 머릿속에 글쓰기라는 새로운 지식을 쏟아 부으려니 과부하가 걸리기 시작했던 것이다.
 "솔직히 이거 너무한 거 아냐? 고등학교 졸업하고 몇 년 만에 받는 완전 주입식 교육인지, 원."
 "그나마 이공 선배가 말할 때는 좀 이해가 되는데 막상 해보려니까 만만치 않더라고. 이거 뭐 수학 문제처럼 딱 떨어지지도 않고 점점 골이 아파."
 "맞아, 내 말이 그 말이야!"
 전이공의 '나름대로' 스파르타식 훈련과 또 융단폭격인 양 진행

되는 실험노트, 연구 계획서, 제안서 강의(?)에 지친 후배들이 불평을 털어놓았다. 그들은 약속이나 한 듯 전 대리가 학교 연구실에 도착하자 이구동성으로 "아~ 선배님, 이거 복잡해요. 좀더 쉽게 설명해주면 좋겠어요!"라고 말했다. 전 대리는 순간 멈칫했다. '아니, 이것들이 집단 항명을!' 이라는 생각에 잠시 화가 났지만 이내 마음을 가라앉혔다.

'애들이 어렵다고 했지, 왜 하느냐고 따지지 않는 걸 보니 그래도 다행이네. 크크.'

그렇게 생각하자 기분이 훨씬 나아졌다.

"알았다. 애들아, 오늘은 정리도 할 겸 복습 한번 해보자. 실은 나도 명확하게 이해한 건 아니야. 실제로 한번 해보면 이해가 되는데, 우리는 실전 경험이 부족하기 때문이지."

전이공은 몇 가지 생각나는 것을 되짚어가면서 문서 형태별로 글쓰기가 어떻게 다른지 얘기해주기로 작정했다.

독자가 다르다

"너희가 평상시에 쓰는 글이 뭐가 있지? 연구 보고서나 논문 쓰고, 가끔 교수님하고 프로젝트 프로포절 만들고, 블로그에 글 올리는 것 정도일 거야."

이공은 실제로 후배들이 글이라고 끼적이는 것들의 예를 들면서

TIP 독자의 눈높이에 맞춰라

청자나 독자가 누구냐에 따라 말하기 및 글쓰기 등 의사소통의 방법이 바뀌기 마련이다. 우선 어떠한 소재를 가지고 말하든 간에 '도대체 누가 내 얘기나 글을 읽고 들어줄 것인가'를 먼저 생각해야 한다. 신문사에서는 신입 기자들에게 기사 작성법을 가르칠 때 '초등학교 6학년 또는 중학교 1~2학년이 이해할 수 있는 수준으로 써라'라고 한다. 이는 신문 독자의 이해 수준에 맞춰야 한다는 말이다. 공급자 입장이 아닌 수요자 입장에서 생각해야 제대로 소통이 되기 때문이다.

과학적 소재로 글을 쓸 때도 마찬가지이다. 읽는 대상에 따라서 글의 내용, 수준 등을 바꿔야 한다. 우선 연구 보고서는 학교 교수와 동료 및 직장 상사가 주요 독자라고 할 수 있다. 실험 등에서 나타난 데이터와 연구 결과를 한눈에 알 수 있게 정리하는 것이 목적이다. 상사나 동료 등이 마치 자신이 실험한 것을 보듯 정리하되 일목요연하게 파악할 수 있도록 하는 것이 중요하다. 같은 연구 내용을 쓰더라도 학위 논문이나 학술지 논문을 쓸 때는 다른 각도에서 접근해야 한다.

논문은 매우 공식적인 글이다. 논문의 독자는 같은 분야의 동료 연구자라고 할 수 있다. 이들은 이 분야 전문가일 수도 있고, 혹은 유사 분야 전공자로 이해 수준이 매우 높은 사람이다. 여기서는 독자들이 연구의 내용을 객관적으로 이해하도록 선행 연구 및 실험 절차 등에 대해서 정확하게 기술한다. 아울러 다른 연구자들이 논문만 가지고도 연구를 재현할 수 있도록 쓴다. 이와 달리 프로젝트용 제안서는 해당 분야 전문가 및 심사자를 대상으로 설득하는 형태의 글이다. 따라서 이 분야에서는 바쁜 전문가 독자들이 빠른 시간 안에 연구 계획을 이해할 수 있도록 만드는 것이 중요하다. 과학기술 내용을 주로 하는 미니홈피 등은 전문적인 내용을 다루더라도 일반인도 읽을 수 있는 수준으로 써야 한다. 개인적인 글에서는 대중적으로 읽힐 만한 평이한 형태로 서술할 필요가 있다.

강의를 시작했다.

"이것들의 중요한 차이점이 뭔지 아니?"

"……"

"흐흠, 그게 말이다. 간단히 말해서 읽어줄 사람이 다르다는 거야. 다시 말해 독자가 천차만별이라는 거지. 결국, 내 글을 누가 읽는가를 먼저 생각해야 한다, 그러면 앞으로 글을 어떻게 풀어나가야 할지 형식이 보인다는 말이지."

목적에 따라 다르다

"독자가 다르다는 생각과 함께 '내가 왜 그 글을 써야 하지?' '뭣 때문에 쓰는 거지?' 라는 생각을 해봐."

전이공은 다시 한번 일장 연설을 했다.

"글을 쓰는 것은 학술적인 글, 보고서, 프로젝트 제안서뿐 아니라 회사에 들어가면 제품 카탈로그도 쓰게 되고, 사용 설명서도 써야 한단 말이야. 읽는 사람을 구분할 뿐 아니라 글 쓰는 이유를 고민해봐. 긴 칼 하나 차고 전쟁에서도 쓰고, 생선회 뜰 때도 쓰고, 감자 깎을 때도 쓰면 안 된다, 이 말이지."

전이공은 글은 저마다 용도가 있고 적재적소에 맞게 쓰는 것이 성공적인 글쓰기라고 힘주어 말했다.

TIP 글의 용도가 무엇인가?

"무엇에 쓰는 물건인가?" 내가 무엇을 위해서 글을 쓰고 있는지 돌이켜보는 것도 중요하다. 같은 논문이라도 박사학위 논문과 학술지 논문은 차이가 날 수 있다. 단적으로 학위 취득을 위해서는 자신이 연구자로서 능력이 있다는 점을 보여주는 게 목적일 수 있다. 이에 비해 학술지 논문은 해당 분야에서 본인이 새로운 분야를 끊임없이 연구하고 있다는 사실, 특정 연구를 선점했다는 내용 등을 알리는 것이 목적일 수 있다.

기업에서 제품 설명서를 쓰는 것도 마찬가지다. 이것을 논문 쓰듯 썼다고 가정해보자. 같은 분야 전문가라 해도 독자로서 이것을 읽는다면 무척 짜증이 날 것이다. 제품 설명서는 설명서답게 써야 한다. 이미 공자님께서 "아버지는 아버지다워야 하고 신하는 신하다워야 한다"고 했듯이, 설명서나 카탈로그는 그 이름값을 해야 한다는 말이다.

프로젝트 제안서도 그렇다. 그 제안서가 기업체용인가 아니면 학술용인가에 따라서 다를 수 있다. 기업체 등은 실질적이고 실용적인 결과를 요구할 때가 많다. 따라서 똑같은 연구 내용을 쓰더라도 실용성을 강조해야 한다. 이와 달리 학술 용도의 프로젝트 제안서는 실용적인 면이 있더라도 학술적으로 연구에 기여한다는 부분을 강조해야 한다. 대중을 대상으로 한 실용적인 글도 그렇다. 초·중·고등학생들에게 과학자로서 글을 쓰기 위한 목적이라면 학문적인 설명보다는 비유 등을 통해서 알기 쉽게 써야 하고, 포털 등의 '지식인' 사이트에 올리려면 설득력이 있도록 약간의 전문용어를 사용하면서 내용을 풀어나가는 방법도 좋다.

형식에 대해서 생각하라

전이공은 자신이 현정과 오공 등을 통해 배운 '글쓰기 교육'을 기억하면서 마지막으로 글의 형식에 대해서 언급했다.

"독자를 구분하고, 목적에 따라 달리하는 것과 함께 글을 어떤 형식으로 쓸 것인가를 미리 생각해야 해. 같은 사물이라도 맨눈으로 보고, 선글라스를 끼고 보거나, 적외선 안경으로 관찰하는 것은 다르게 보일 수 있어."

이공은 독자, 목적, 형식을 생각하라는 것이 같은 얘기로 느껴질 수 있지만 글을 쓸 때 각도를 달리하면 길이 보인다는 점을 강조했다.

트랜스포머가 되어라!

"아, 이거 완전 트랜스포머네요."

후배들은 이제야 약간 감을 잡은 듯했다.

"그렇지, 재료는 같아도 변신을 잘해야지. 누가 읽는지와 용도에 따라 같은 내용도 정말 다양하게 표현될 수 있다니까."

"한 논문이나 지식의 내용을 체계적으로 정리했다가 발표를 어떻게 할 것인지가 결정되면 그것을 잘 변환하는 것이 중요하겠군요!"

"그렇지, 실험노트하고 연구 보고 내용 등을 그때그때 체계적으로 기록할 뿐 아니라 연구 주제와 목차를 잡을 때 명확하게 한다면 어떤

 **TIP** 물은 그릇에 따라 모양이 바뀐다

글을 쓸 때도 어떤 형식으로 쓰느냐에 따라 내용이 바뀔 수 있다. 독자나 목적에 따라서 형식도 크게 변한다. 논문 등에서는 완전한 문장 구조를 원한다. 따라서 글을 준비할 때도 먼저 목차를 정한 뒤 부분별로 세부 목차를 더하는 방식으로 점차 상세하게 해야 한다. 이때 글이 모두 논리로 연결될 수 있도록 짜임새 있게 구성한다.

그러나 항상 모든 것을 문장으로 처리하지는 않는다. 일부 보고서나 프로젝트 제안서는 바쁜 독자들을 위해서 완선한 문장이 아닌 '개조식'으로 쓰는 경우가 있다. 개조식이란 글을 작성할 때 요점이나 단어를 번호를 매겨가며 나열하는 방식을 지칭한다. "~ 했음" "~이 요청됨" "첫째, 둘째" 등으로 내용의 전개가 눈에 확 들어오게 하는 방식이다. 이럴 경우 완벽한 문장과는 달리 논리의 비약이나 요약이 있어도 용납되곤 한다. 핵심 사항을 빨리 알게 하기 위해서 일부 논리나 중간 과정 생략이 허락되기 때문이다. 포스터나 프레젠테이션의 경우는 더욱 간단하다. '백문이 불여일견'이라는 말처럼, 구구절절 설명하기보다는 간단한 다이어그램이나 표로 내용을 보여주면 된다. 이럴 경우 한눈에 들어오도록 시각적으로 기록하면 좋다. 또 상세한 내용은 독자가 원할 경우 별첨 자료 내지 직접 설명하면서 풀어줄 수 있다.

형태의 글에도 자신감을 갖게 된다고."

이공은 후배들에게 이처럼 '공자님 말씀'을 전하면서 '이제부터 회사에서 다양한 형태의 표현 방법에서 강점을 가질 수 있도록 여러 방면으로 노력해야겠다'고 다짐했다.

보고서는 상사를 위해 쓰는 것이다

"보고서를 또 쓰라고? 그것도 매주?"

전이공은 매주 연구 관련 보고서를 작성하라는 교수님의 지시를 받고 가슴을 쓸어내렸다. 교수님은 학과 관련 업무 사항과 학생들의 연구 결과 그리고 자신과 관련된 분야의 연구 성과 등에 대해 매주 보고서를 만들라는 지시를 내린 것이다. 주간 보고서는 사실 이전부터 얘기는 나왔지만 한 번도 제대로 지켜진 전례가 없는 것이기도 했다. 학기 초마다 신입생들이 들어오면 주간 보고서를 내라고 말씀은 하셨지만, 학생들은 눈치만 보면서 미적거리기 일쑤였고, 교수님 또한 의례적으로 몇 번 잔소리만 했을 뿐이었다. 그러는 사이 주간 보고서를 통해 연구 진행 상황을 한눈에 본다는 목적은 저 멀리 사라지곤 했다. 하지만 이번에는 달랐다. 학기 초도 아닌데 무조건 다음 주부터 시작하라는 것도 그렇고, 현재 연구실에서 가장 나이가 많은 전이공을 직접 불러 "책임지고 해봐라"라고 당부한 것도 그랬다.

'실험하고 논문 쓰기도 바쁜데 괜히 보고서가 어쩌고 잘난 척했다가 옴팡 뒤집어쓴 거 아냐? 회사 업무도 해야 하는데 말이지. 이거 내 발등 내가 찍은 것 같은 느낌이 드네.'

하지만 바로 오기가 생겼다. 교수님이 보고서를 왜 만들라고 했을지 그 이유는 이공도 충분히 공감하고 있었다. 귀찮긴 하지만 누군가는 나서서 해야 할 일이고, 이를 정착시킨다면 자신과 교수님은 물론 후배들에게도 꽤 도움이 될 거라는 데에는 이공 자신도 동의하고 있었기 때문이다. 이공은 귀차니즘으로 빠져들고 싶은 마음을 다잡고자 우선 주간 보고서를 만들면 좋은 점부터 생각해봤다.

일단 주간 보고서를 만들면 학과 관련 각종 업무를 체계적으로 관리할 수 있다. 일반 회사에서는 보고서 작성이 일상적인 업무이지만 학교에서는 행정직에 근무하지 않는 이상 보고서를 작성하지 않았다. 이는 연구만 하기에도 시간이 모자란다는 이유 때문이었지만, 그런 탓에 때로는 너무 비효율적인 일이 많이 일어났다. 서류화해두면 '이중 지시'가 없어질 것 같기도 했다. 가끔 행정 업무와 관련해서 학과장과 정교수, 조교수가 이중 삼중으로 조교들에게 지시를 하는 때가 있었다. 또 보고서를 작성해 공유한다면 학과 내에서 돌아가는 업무를 훤히 꿰뚫어볼 수 있고 소외되는 사람도 없을 듯했다.

보고서는 후배들에게도 도움이 될 듯했다. 실험 도중 자신한테 필요한 기구나 약품을 주문한 뒤 주변 사람들이 또 시켜서 이중 구매된 적도 있었고, 선배가 이미 했던 실험을 모르고 후배가 똑같이 반복한 경우도 많았다. 이런 일로 낭비된 물적·시간적 자원이 알게 모르게 상당했다. 주간 보고서를 작성하고 이것을 서로 공개한다면 그런 낭비는 상당 부분 해결될 수 있을 듯했다. 무슨 일이든 한번 체계를 잡으면 그 체계를 무너뜨리기란 쉽지 않다. 비록 작성하는 과정이 귀찮고 때로는 힘들지만 그 논의 과정을 기록으로 남겨놓는다면 이공 자신이 없어도 후배들이 그것을 보고 매뉴얼 삼아 일을 할 수 있을 것 같았다. 3~5년이 지나더라도 자신이 기록한 보고서를 확인한다면 업무를 보다 쉽게 처리할 수 있을 것이다. 즉, 누가 시작하고 먼저 하느냐의 문제이지 주간 보고서의 필요성은 모두가 공감할 만한 터였다.

"오케이, 주간 보고서 한번 해보자고!"

이공은 주간 보고서를 매주 금요일 오후에 작성하고 교수님께 메일을 보내 승인을 받은 후 전체 메일로 주간 보고서를 회람하겠다는 내용의 이메일을 보냈다. 그리고 이런 일을 처음 시작하는 것은 자신이어야 한다는 당위성에 이공도 동의하고 있었다. 처음 보고서를 쓴다면 회사에서 업무상 보고서를 써본 경험이 있는 이공이 진두지휘하는 것이 맞을 테니까.

"어차피 회사에서 매일같이 만들던 건데 이 정도야 문제없지."

"음… 그래, 놈들이 16일에 도착한다고?"
수신자를 고려하여 보고서를 작성하라!

전달 메시지를 수신자가 알아듣지 못하면 아무리 훌륭한 보고서도 가치가 없다. 보고받는 사람이 좋아해야 '좋은' 보고서이다.

 **TIP** 보고서 쓰기

이공계 출신이 직업상 써야 할 글쓰기 중 많은 부분이 바로 보고서 작성이다. 과제를 마칠 때 쓰는 최종 보고서가 아니더라도 진도 보고서Process report나 중간 보고서를 내야 하며 일일 보고서, 주간 보고서, 월간 보고서, 분기 보고서 등을 수시로 제출한다. 출장을 다녀오거나 국내외 컨퍼런스 행사에 참여한 후에도 보고서 작성은 필수다. 보고서를 효과적으로 작성하는 능력은 전문가 자질의 중요한 부분이다.

보고서는 형식보다는 내용이 중요하다. 형식은 상황에 따라 달라질 수 있지만, 내용은 '정확하고 간결하게' 담겨야 한다. 특히 연구 보고서에서는 '목표 달성 여부'가 중요한 평가 요건이기 때문에 정확히 기술해야 한다. 만약 목표 달성에 실패했다면 그 이유를 충분히 담아 보고를 받는 사람이 이해할 수 있게끔 만들어야 한다.

· 보고서 작성시 유의 사항
① 보고서는 보고 대상을 알고 작성하는 것이므로 읽는 사람 입장에서 기술해야 한다.
② 보고 대상이 원하는 항목을 가장 먼저 기술해야 한다.
③ 과제 보고서는 제안서의 목표 달성 여부에 초점을 맞춰 작성한다.
④ 보고서를 받는 기관이 양식을 제시한 경우 그 양식에 철저하게 맞춰야 한다.
⑤ 내부 보고서는 가장 중요한 내용이나 결론이 눈에 먼저 띄도록 작성해야 한다.
⑥ 정기 보고서는 지난 보고서를 검토한 후 연속성을 갖고 작성해야 한다. 바로 전 보고서에서 진행된 과정 등은 반드시 포함시킨다.
⑦ 내부 보고서의 작성은 주요 사항을 나열하는 정도로 약술하고, 보고서 작성에 소모되는 시간을 줄일 수 있도록 한다.

* * *

"아니, 이게 뭐야. 이거 왜 만든 건가?"

이공의 지휘하에 투덜대며 주간 보고서를 만들어 찾아간 고영민에게 교수님은 보자마자 잔소리를 시작했다. 교수님은 보고서는 물론 논문도 그냥 넘어간 적이 한 번도 없었기에 어느 정도 예상했지만 이번엔 다짜고자 '이게 뭐야' 로 시작했다.

"영민군, 자네가 보고서를 만들기 위해 시간을 들이고 노력한 것은 충분히 이해하네만 이걸 누가 읽으라고 작성한 건가?"

"저는 교수님이 제 연구 성과와 학과 업무, 실적 등을 보고하라셔서 작성한 것뿐입니다만…."

영민은 적잖이 당황스러웠다. 시간 들여 열심히 만들었는데 보자마자 역정부터 내니 말이다.

"영민군, 물론 아직 낯설기는 하겠지만, 어쨌든 처음이니까 잔소리 좀 하겠네. 나중에 하는 것보다는 애초에 바로잡는 게 나을 테니까."

"아, 네…."

영민은 주간 보고서를 작성해놓고 스스로 너무나 뿌듯해 단숨에 교수님께 달려갔지만 돌아온 것은 지적뿐이었다. 단번에 칭찬받을 줄 알았던 자신이 너무 순진했음을 뒤늦게 깨달았다.

'이럴 줄 알았으면 이공 선배한테 먼저 검토받고 오는 건데.'
"영민군, 먼저 보고서를 일곱 장이나 작성해오면 어떻게 하나? 얼핏 보니 내용은 한 장이면 충분하구만. 이건 리포트가 아니잖나. 게다가 오탈자도 보이고. 이 보고서가 연구 성과 보고서인지, 학과 업무 보고서인지, 실적 보고서인지도 모르겠네. 보고서는 학과장이자 지도교수인 나를 위해서 만들어야 하는 것 아닌가. 내가 이렇게 복잡한 거 싫어한다는 걸 몰랐나? 다시 해오게."

영민은 꿀 먹은 벙어리가 되어 아무 말도 못 하고 교수 연구실을 빠져나왔다. 자신감에 넘쳐 프린터에서 출력하자마자 바로 보여드린 것이 화근이었다. 어깨가 축 처진 영민은 이공에게 찾아갔다. 영민의 보고서를 받아든 이공은 교수님이 왜 역정을 내셨는지 알 만했다. 물론 그렇게 직설적으로 말해서 학생들의 기를 꺾어놓을 것까지야 없겠지만, 그게 교수님의 스타일이라는 것을 이공은 이미 알고 있었다. 생각나는 대로 거르지 않고 이야기하는 습관 말이다. 영민의 보고서에서는 우선 오탈자가 눈에 띄었다.

"영민아 여기 봐. 이 부분, 틀린 글자 보이지? 워드로 글을 쓸 때는 자신도 모르게 오탈자가 생기는 경우가 많은데, 별거 아닌 것 같아도 자주 나오면 보고서 전체의 신뢰도를 의심받게 만들어. 게다가 성의 없어 보이기도 하고. 일단 누군가에게 보여주는 글이라면 먼저 정성 들여 썼다는 느낌이 들게 만들어야 해."

양피지 한 장에 얼만 줄 알지? 모든 보고는 한 장에 끝내도록!

2년 전 보존료인 안식향산나트륨이 비타민 C와 결합해 외부의 빛 등을 바다 발암 의심물질인 벤O젠으로 변한다는 게 밝혀져 비타민 관련 물품들이 리콜되는 소동이 있었다.

"이거 봐. 이 짧은 문장에도 틀린 부분이 세 번이나 나오잖아. 이러면 보고서를 쓸 때 전혀 정성 들이지 않았다고 생각하지 않겠어?"

영민은 부끄러웠다. 실제로 그는 투덜거리며 보고서를 썼다. 시간도 없는데 괜한 짓을 시킨다고 말이다. 그러니 내용을 제대로 확인하지도 않았고, 오탈자를 신경 쓰지도 않았던 것이다. 또 한 장짜리 보고서는 왠지 성의 없어 보일 것 같아 내용도 억지로 늘리고, 글자도 12포인트로 하고 자간과 장평을 넓혔는데 그것 역시 실수였다. 영민의 지도교수는 불필요한 것이나 거추장스러운 것을 싫어하는 직선적인 성격이었다. 교수님의 성격은 그가 영민의 보고서를 받고 보인 반응에서 극단적으로 드러났다. 교수님은 그야말로 간단명료한 상황 보고서를 원했는데, 영민은 그런 심중을 읽어내지 못했던 것이다.

"자, 이제 네 보고서의 문제가 뭔지 알겠지?"

"네, 선배. 이렇게 보니 잘 알겠네요."

"그러면 가서 다시 써와. 그리고 이번에는 교수님께 가기 전에 꼭 나한테 검사받고, 알았지?"

"힝, 이걸 또 써야 해요? 이번엔 그냥 넘어가고 다음부터 쓰면 안 될까요?"

"그런 게 어디 있어? 빨리 가서 다시 써와!"

영민의 결정적 실수는 보고받는 사람을 전혀 고려하지 않았다는 것이다. 나름 열정도 있었고 정성도 들였지만, 결국 보고받는 사람의 마음에 들지 않아 '나쁜' 보고서를 만들어낸 것이다.

 **보고서 작성의 실제**

1. 보고 내용을 범주화한 후 작성하라
전달하고자 하는 정확한 이슈를 보고서에 담는 것이 중요하다. 수집한 자료를 바탕으로 핵심 이슈를 정확하게 구체화한 후 보고서를 읽는 사람이 누구인지 생각해보고 받는 이가 가장 관심 있어 할 내용을 처음에 배치한다. 전개할 내용을 범주(카테고리)화해 소제목을 적은 뒤 각 항목에 내용을 추가 작성하면 쉽게 정리할 수 있다.

2. 핵심만 담아라
- 보고서는 논문이 아니다. 핵심 내용 위주로 작성되어야 하며 내용이 산만해서는 안 된다. 보고서에 너무 많은 내용을 담으려 하지 말고 간결하면서도 목적이 확실한 것이 좋다.
- 이를 위해서는 되도록 1장에 끝내야 하며 한 문장이 3줄을 넘어서는 안 된다.
- 보고서는 소설이 아니므로 미괄식 구성보다는 두괄식(결→기→승→전)으로 작성하는 것이 바람직하다.

3. 반대 의견도 담아라
간결함이 생명인 보고서라도 다양한 시각(상대방의 입장이나 반대 의견 등)은 반드시 필요하다. 다른 이해 관계자의 시각을 종합적으로 검토했다는 이미지를 심어줘야 설득력이 높아진다.

4. 결론을 분명히 하라

보고서의 핵심은 결론이다. 그래서 어떻게 하겠다는 내용이 담겨야 의사 결정권자의 선택을 이끌어낼 수 있다. 결론을 내기 어렵다면 보고를 받는 사람이 선택할 수 있도록 제1 결론, 제2 결론 등 다양한 결론을 내리는 것도 좋다.

5. 상사의 입장을 반영하라

- 보고받는 사람은 대개 상사다. 보고서를 제출하기 전에 상사의 입장에서 반드시 다시 읽어봐야 한다.
- 상사가 보고서를 두 번 읽어보거나 별도의 문의를 하지 않을 정도로 내용을 바로 이해할 수 있어야 하며 결론에 대해서도 쉽게 동의할 정도로 설득력을 갖춰야 한다.
- 결론이 분명히 니와 있는지, 인용한 통계 수지가 정확한지, 오타나 맞춤법, 구두점, 기호 등에는 문제가 없는지도 확인해야 한다.

효과적인 프레젠테이션 기법-
상대의 가려운 곳을
긁어줘라!

전이공의 제안과 지도교수의 압력(?)으로 실험실 내 실험 보고서 및 주간 보고서 작성 시스템은 그럭저럭 자리를 잡아갔다. 이젠 전이공도 학교와 직장을 오가는 강행군에 어느 정도 익숙해졌고, 표현 기법 개발에 재미를 붙여 이것저것 새로운 시도를 해보는 중이었다. 대학 실험실과 연구소 사이의 공동 연구 프로젝트에 참여하고 있는 전이공은 매주 학교와 직장을 오가며 동일한 내용의 회의를 했다. 이 기회를 통해 전이공은 자신의 학교와 직장에서 동시에 시험해가며 적절한 표현 기법을 찾고 있었다. 예를 들어 이번에 회사에서 회의할 때 이런 표현이 반응이 좋았다면 다음에 학교에서 랩 미팅 때 다시 시도해보고 하는 식이었다.

월요일 아침. 회사에 출근한 전이공의 팀 동료들은 주간 업무회의를 시작했다. 팀원 여섯 명과 팀장만 참여하는 약식 회의로 격식을 차리지 않고 지난 한 주간 자신이 했던 업무의 진행 상황과 이번 주 진행할 것에 대해 서로 정보를 교환하는 자리였다. 내용은 회사 내 데이터베이스 구축을 위해 내용을 A4 한두 장으로 정리해서 사내정보관리 시스템에 등록하기는 했지만, 따로 프레젠테이션 자료를 준비한다거나 하는 경우는 드물었다. 하지만 오늘 그의 동료인 정감성 선임연구원이 자료를 PPT 파일로 만들어 빔 프로젝트를 이용해 발표했다. 그가 오늘 얘기할 내용이 그간 자신이 했던 연구의 마무리에 해당되는 내용이었기 때문이다. 아무래도 마무리 발표를 하려니 프로젝트 초기에 잡았던 연구 목적과 그동안의 진행 상황들을 일목요연하게 정리할 필요가 있어서 아예 프레젠테이션 파일을 만들었던 것이다.

"자, 제가 그동안 연구한 것은 미백 화장품에 들어갈 새로운 미백제의 활성과 작용 기전에 대한 것이었습니다. 기존에 사용하던 미백제는 주로 알부틴이나 코직산, 비타민 C, 닥나무 추출물 등이었습니다. 이들 물질은 미백 효과를 나타내는 것은 사실이지만, 안정성이 떨어져 제품의 유효 기간에 제한이 있다는 것이 문제였습니다. 그래서 이번에 자사에서는 미백 효과뿐 아니라 안정성도 뛰어난 미백제를 찾는 연구를 시도했는데, 저는 대규모 초기 파일럿 실험에서 효능이 있다고 인정되었던 제품인 MN-23에 대해 지난 6개월간 집중적으로 연구했습니다. 자료 보시죠."

사람들은 그가 보여준 화면에 주목했다. 그런데 화면에는 화학물질의 결과 테스트가 아닌 미녀 배우 한백설의 사진이 떠 있었다.

"보십시오, 이 배우는 여러분도 잘 아는 사람일 것입니다. 한백설은 특히 하얗고 투명한 피부를 가진 것으로 정평이 나 있는데요. 이 얼굴에 자외선을 쬐여 보겠습니다."

그가 이렇게 말하며 포인터의 버튼을 누르던 순간, 화면 윗부분에 갑자기 심술 궂은 표정의 태양이 '나 태양'이라는 꼬리표를 달고 나타나더니, 말풍선을 통해 '다 태워버리겠다'고 말하며 강력한 자외선 화살표를 방출했다. 그랬더니 화면 한쪽에 있던 한백설 사진에서 피부가 점점 어두워지기 시작했다. 드디어 아주 새까맣게 변해버린 한백설이 눈물을 흘리며 슬퍼하는 모습이 그려졌다.

"제아무리 날고 기는 한백설이라도 쏟아지는 자외선 폭탄 앞에서는 버텨낼 수 없겠지요. 여기에 우리의 미백 유효 성분들이 등장합니다."

이번에는 화면에 검게 변한 한백설의 얼굴이 여럿 비춰졌다. 이때 각각 미백 성분이 꼬리표를 달고 나타나더니 지우개가 되어 각각 한백설의 얼굴을 지우기 시작했다. 애니메이션이 지나가고 나자 대부분의 얼굴이 전보다는 밝아졌지만, 그중에서도 MN-23을 쓴 얼굴은 하얗다

못해 빛이 날 정도였다. 한백설의 얼굴에서 과장된 눈물선이 지워졌고, 다시 말풍선이 나타났다.

"얼굴 미백, 참 쉽죠~잉?"

순간, 발표를 지켜보고 있던 팀원들은 폭소를 터뜨릴 수밖에 없었다. 요즘 말로 '빵 터졌다'는 느낌이었다. 한참을 웃고 난 뒤 팀장이 말했다.

"이야, 정 선임, 대단한걸? 어떻게 이런 생각을 했어? 웃다가 배꼽 빠지는 줄 알았네."

이어 화기애애해진 사람들은 다음 발표를 즐길 수 있었다. 전이공은 동료의 유머 센스에 반했고, 다음번에 자신도 써먹어야겠다고 생각했다.

유머 센스도 때와 장소를 가려라

"정 선임, 왜 얼굴이 그렇게 어두워? 지난번 발표했다가 빵 터진 거, 아침에 연구소 간부 회의에서 발표했다며? 칭찬 못 받았어?"

정감성은 한숨을 푹 내쉬며 말했다.

"칭찬은커녕 잔소리만 잔뜩 들었어."

"아니, 왜?"

"오늘 발표하니까 젊은 팀장님 몇몇은 웃느라 정신이 없었는데,

효과적인 프레젠테이션이란?

램프의 요정 지니가 램프의 주인이 원하는 대로 소원을 들어주는 것처럼 상대의 의도를 잘 파악해야 프레젠테이션 효과를 높일 수 있다.

소장님하고 수석연구원들은 못마땅해하더라고. 발표를 무슨 장난으로 여기냐면서 진지하게 하래. 그리고 내가 과장하려고 MN-23을 사용한 한백설 얼굴을 백옥같이 표현한 것도 뭐라 하면서, 비주얼로 보여주는 건 좋은데 MN-23의 효능은 기존 다른 미백제 대비 15퍼센트 정도 개선됐을 뿐이니까 번쩍번쩍하게 만들면 안 된다는 거야. 사실에 입각해서 말해야지. 그리고 보여주는 것에만 치중해서 데이터가 안 보인다고, 연구원 발표로는 바람직하지 않대."

"그랬구나. 에이, 잊어버려. 소장님이 원래 센스가 바닥이잖아. 지, 우리 짐심이나 먹으러 가자고."

그날의 사건을 통해 전이공은 유머 센스도 때와 장소를 가려가며 써먹어야 한다는 걸 알게 되었다.

 **TIP** 효과적인 프레젠테이션을 위한 요소들

1. 외적 요소

충분한 시청각 자료들을 활용하는 것이 좋다. '백문이 불여일견'이라는 말은 동서고금의 진리이기 때문이다.

- 이를 위해서는 내용을 압축적으로 전달할 수 있는 ppt 파일이나 기타 시각 자료들을 활용하는 것이 좋다.
- 발표용 파일에서 사용하는 문장은 문장형보다는 명사형으로, 데이터는 숫자를 그대로 사용하는 것보다 도표나 그래프로 보여주는 것이 좋다.
- 발표자의 외모나 어투도 중요한 요소가 된다. 깔끔한 복장과 너무 빠르거나 늦지 않고 분명한 발음으로 말하는 것도 신뢰감을 주는 데 중요한 요소가 된다.
- 발표자의 태도 역시 전달 능력을 좌우한다. 편안한 표정으로, 효과적인 제스처를 사용하고, 유머를 곁들이는 것도 전달력을 높이는 데 도움을 준다. 또 가능하면 정해진 발표 시간을 정확히 지키는 것도 도움이 된다.

2. 내적 요소

- 프레젠테이션은 상대에게 내용을 전달하는 것이 궁극적인 목표다. 따라서 상대가 요구하는 바에 대한 정확한 이해가 요구된다. 정 선임이 소장에게 '깨진' 이유는 상사가 바라는 것이 재미있는 발표가 아니라 정확한 현황 보고였다는 점을 파악하지 못했기 때문이다.
- 청중에 대한 분석이 필요하다. 상대가 원하는 것을 파악하기 위해서는 청중의 수, 지위, 사전 지식 유무 등 다양한 분석이 선행되어야 한다.

- 철저한 사전 지식을 미리 준비해두어야 한다. 발표를 하면 내용에 대해 궁금한 사항이나 추가적으로 알고 싶은 사항들에 대해서 질문이 나올 가능성이 높다. 즉, 예상 가능한 질문을 미리 파악하여 여기에 대비해야 한다.
- 리허설을 준비하는 것이 좋다. 대개 발표 자료만 만들어놓고 리허설은 따로 하지 않는데, 이런 경우 의외로 시간이 많이 들어 뒷부분은 쫓기듯 넘어가거나, 반대로 시간이 너무 많이 남아 어색해지는 경우가 왕왕 생긴다. 자신의 발표 내용을 사전에 리허설을 통해 시간을 예측하여 조절하고, 자료에 틀린 부분이나 보완할 부분이 있는지 살펴야 한다.

전달력을
높이기 위한
몇 가지 기술

"오랜만이야, 표 팀장."

"어머, 안녕하세요 박 수석님."

표현정은 오랜만에 회사 로비에서 박 수석연구원을 만났다. 예전에 연구소에 근무하던 시절 PL로 같이 일했던 분이다. 이런저런 얘기를 나누던 차에 그가 말을 꺼냈다.

"표 팀장, 요즘 많이 바쁜가?"

"저야 항상 똑같죠. 매일 기획회의하고, 아이디어 짜고, 매출 상승 방안 구상하고… 그렇게 지냅니다."

"표 팀장 바쁜 건 충분히 아는데, 부탁이 하나 있어."

"무슨 일인데요?"

"그게 말이야, 몇 년 전부터 화장품 회사에서는 동물 실험하는 것이 여러 가지 면에서 좋지 않다는 이유로 줄이지 않았나? 유럽연합에서는 2009년부터 동물 실험을 실시한 화장품의 생산 및 판매도 금지하는 법령을 발표했고. 그래서 우리 회사도 몇 해 전부터 동물 실험을 대신할 수 있는 in vitro assay※와 인공피부 등을 개발했거든. 또 관련 특허도 출원했고 논문도 발표했는데, 이번에 비서실장이 사장님에게 보고한다고 관련 내용을 나 보고 직접 정리해서 보내라고 하더군. 그런데 말이야, 글을 안 써본 지 워낙 오래되다보니 도무지 써지지를 않더라고. 일단 시도는 해봤는데 내가 봐도 너무 어색해서 표 팀장에게 자문 좀 구하려고."

"아, 맞아요. 저번에 특허 출원하셨다는 소식은 들었어요. 늦었지만 축하드려요. 그런데 이상하네요. 그런 일이라면 저희 홍보팀에서 알아서 할 텐데 비서실에서 왜 굳이 박 수석님한테 직접 연락을 했을까요?"

"그렇긴 한데, 그게 말이야. 사실은 비서실장하고 예전에 한번 부딪친 적이 있거든. 비서실장이 예전에 홍보팀에 있었잖아. 그때 내가

※ in vitro assay란 '시험관 테스트'라는 뜻으로, in vitro란 말은 생체가 아닌 제한된 시험관 안을 의미한다. 이와 대립되는 말로는 in vivo가 있는데 이는 '생체 내에서'라는 뜻이다. 즉, 어떤 특정 화학물질의 독성을 실험하는 경우, 이를 실험용 쥐에 직접 투여해서 쥐의 상태를 살피는 것이 'in vivo' 실험이고, 생체에서 추출한 세포를 인공적으로 배양한 뒤 여기에 독성물질을 처리해 세포가 어떤 영향을 받았는지를 살핀다면 in vitro 실험이 된다.

그 사람한테 홍보하려면 연구소에서 뭐하는지 공부 좀 하라고 질책한 적이 있어. 사실 각자의 영역이 있는 건데 그땐 내가 좀 흥분했어. 그래서 나 골탕 먹이려고 그러는 거 같은데. 그런데 내가 거기에 대고 이상한 글을 줘봐. 공부하라고 잘난 척한 사람이 간단한 글 하나 못 쓴다고 얼마나 나를 비웃겠어. 그러니까 내가 표 팀장한테 부탁하는 거야. 이건 개인적인 일이니까, 표 팀장 혼자만 알고 비서실장에게는 모른 척해 줬으면 좋겠어."

그렇게 표현정은 얼떨결에 그가 썼다는 서문의 초안을 이메일로 받았다.

동물 실험 대체 모델 개발 소사

책임연구원 박연구

지금도 이스터 섬에는 커다란 석상들이 존재한다. 이스터 섬의 석상들은 자연을 파괴한 결과이다. 수많은 나무들이 석상을 위해 베였고 숲은 황폐해졌다. 자연을 함부로 파괴한 결과, 인간은 멸망했던 것이다. 이처럼 인간과 자연은 항상 공존하는 존재이다. 이런 이유로 동물 실험은 금지되어야 한다. 자연과 공존해야 하는 인간이 자연을 파괴하고, 자연의 일부분인 동물을 함부로 이용하는 것은 어불성설이다. 특히나 동물 실험의 경우 인간의 이기적인 욕심을 위해 동물의 생명을 짓밟는 행위가 될 수 있다. 따라서 이를 대체할 방법으로 '인공 피부' 개발을 목표로 삼고, 이에 매진해왔다. 3년간의 노력 끝에 인공피부 A. S.$^{artificial\ skin}$를 개발해 동물 실험의 시대를 끝내기에 이르렀다.

글은 평이한 수준이었다. 하지만 몇 가지 수정 사항이 있었다. 표현정은 글을 단순히 고치는 것을 넘어서 다음번 글을 쓸 때의 주의할 짐도 같이 첨부했다. 특히 책임급 연구원이 되면 팀뿐 아니라 외부와도 서신을 주고받을 기회가 많을 듯해 세심하게 고려할 부분을 정리한 것이다. 그러면 박 수석님에게도 도움이 될 것이고, 표현정 자신도 이를 정리하며 다시금 여러 가지를 되새길 수 있었다.

그렇게 표현정은 박 수석연구원의 원고를 고쳐주었다. 원고를 받아든 그가 비서실장에게 책잡히지 않겠다고 좋아했던 것은 물론이다.

동물 실험 대체 모델 개발 소사

책임연구원 박연구

1. 우리는 왜 동물 실험을 그만두었나

처음 동물 실험실에 들어가던 날을 기억한다. 선반 위에 빼곡히 늘어선 투명한 플라스틱 우리들. 그 안 가득 들어 있던 생쥐와 토끼와 햄스터의 모습을 기억한다. 차가운 실험실에서 태어나 그곳에서 생을 마쳐야 했던 작은 생명들. 새로 개발된 원료나 제품들이 인체에 해를 미치는지를 연구하기 위해 동물 실험은 꼭 필요하다. 아니, 필요하다고 여겨졌다. '어떤 반응을 보일지 모를 물질을 인간에게 바로 사용하는 것은 매우 위험한 일이다' 라는 이유로 의약품이나 기타 사람이 사용하는 화학제품은 동물 실험을 통해 안전성을 검증받아야 하는 것으로 여겨졌다. 하지만 동물 실험이 인간을 대신하기에는 무리가 있다는 사실 또한 오래전부터 알려져왔다.

첫째, 동물을 사람의 필요에 따라 '사용'하는 것이 과연 옳은 일인지에 대한 윤리적 논란이 있어왔다. 인간에게 꼭 필요한 의약품이 아닌 다른 제품의 경우, 동물은 그저 인간의 이기적인 욕망을 이뤄주기 위한 도구로 쓰인다. 이는 모든 생명 중 인간만이 최고의 가치를 지니는 생명체라는 우월의식과 동물을 포함한 다른 존재는 인간을 위해 희생되어도 마땅하다는 비윤리적 인식을 심어줄 수 있다. 이는 인간과 자연의 대립 구도와 자연에 대한 인간의 지배 구조로 이어질 위험성을 지닌다. 자연은 공존의 대상이지 지배의 대상은 아니다.

두번째로 동물은 인간과 다르다. 이는 동물과 인간의 생리적인 차이 때문이다. 일례로 사람에게는 기적의 항생제로 불리는 페니실린의 경우, 실험동물로 많이 쓰이는 기니피그에게는 맹독이나 다름없다. 특히나 화장품처럼 피부에 바르는 제품들을 연구하는 데는 대개의 동물은 적합하지 않다. 인간의 피부는 털이 거의 없고 피부가 그대로 노출되어 있는 반면, 대부분의 동물은 맨살이 노출된 경우가 거의 없기 때문이다. 따라서 피부에 미치는 영향을 실험하기 위해서는 일부러 '털이 없는 변종 쥐'를 골라 이를 대상으로 실험을 했어야 했다. 이는 자연스러운 피부의 상태를 보기에는 부자연스럽기 마련이다.

2. 새로운 피부 연구 방식 개발

이처럼 동물 실험은 여러 가지 문제점을 지니고 있다. 이에 윤리적 문제와 실험상의 단점을 모두 해결할 방법을 찾는 것이 시급했다. 우리 연구팀이 지난 3년간 매진했던 연구는 바로 이것이었다. 그렇게 탄생된 인공피부 A. S.$^{artificial\ skin}$는 이러한 문제점을 해결하는 두 마리 토끼이다. (중략)

TIP 전달력을 높이기 위한 방법들

우리가 글을 쓸 때 가장 먼저 고려해야 하는 것은 '전달력'이다. 글을 쓰는 가장 큰 목적이 내가 생각하는 것을 남에게 전달하기 위한 것이기 때문이다. 특히나 업무와 관련된 글쓰기에서는 자신이 생각하는 바를 정확하게 전하는 것이 가장 중요하다.

1. 정확한 단어를 사용하라
업무용 글쓰기에서는 단어를 적재적소에 사용해야 한다. 정확하지 못하게 사용된 단어는 문장의 의미를 모호하게 만들어 전달력을 떨어뜨린다. 윗글에서 글쓴이는 이스터 섬의 예를 들면서, 그 섬의 원주민들이 "자연을 파괴했기 때문에 멸망했다"고 말하고 있다. 하지만 '자연 파괴'란 너무 광범위한 단어라서 구체적으로 이들이 어떤 행위를 했는지 알기 어렵다. 사실 이스터 섬의 문명이 사라진 데에는 무분별한 목재 채취로 인한 숲의 파괴가 큰 영향을 미쳤다. 이런 경우 '자연 파괴'보다는 '무분별한 사용으로 인한 산림자원의 고갈'이 더 정확한 표현이 될 수 있다.

2. 비유나 은유는 정확하게
업무용 글쓰기에서는 문학적 감수성이나 시적 표현은 큰 의미를 지니지 못한다. 오히려 읽는 이에 따라 다르게 해석되어 오해를 불러일으킬 수도 있으며, 특히 비유나 은유는 그럴 위험성이 더 크다. 윗글에서는 동물 실험의 부당성을 강조하기 위해 이스터 섬의 예를 들었는데 이 예가 동물 실험과 어떤 연관성을 갖는지 구체적으로 연결되지 않아 글 전체의 전달력이 떨어진다. 주제가 동물 실험의 부당성이라면 좀더 구체적으로 동물과 인간 사이에서 일어나는 공존이나 생명의 권리 등에 집중한 예를 드는 것이 좋았을 것이다.

아니, 아니. 거긴 목이 아니라 등이라니까.
내 말이 그렇게 전달이 안 되나?

엉뚱한 곳을 긁으면 시원한 게 아니라 아프기만 할 뿐이다. 사소한 실수라도 전달력에 영향을 미칠 수 있기에 세심하게 신경을 써야 한다.

3. 배경 설명을 해야 한다

다시 말하지만 독자는 필자가 아니다. 필자는 절대로 독자가 모든 것을 다 알고 있을 거라고 기대해서는 안 된다. 물론 독자가 배경 지식에 대한 이해가 있는 경우라면 생략해도 되겠지만, 배경 지식을 갖추고 있는지의 여부를 모른다면 간단하게라도 설명해줘야 한다. 글의 전체적인 내용과는 연관성이 떨어지는 부분이긴 하지만, 이스터 섬의 예를 보면 '석상을 만들기 위해 목재가 필요했다'는 부분이 있다. 얼핏 보면 석상石像을 제조하는 데 돌이 아닌 목재가 필요했다는 점에 의문이 생긴다. 이는 만들어진 석상을 운반하는 데 목재가 이용되었다는 지식이 없다면 의문이 생길 수 있는 부분이다. 또한 본문에서도 동물 실험의 부당성을 주장하면서, 이로 인해 인공 피부를 개발했다는 표현에서는 설명이 부족하다. 동물 실험은 여러 용도로 이용된다. 이 연구소에서는 주로 피부에 테스트하는 실험을 했기 때문에, 인공 피부의 개발이 기존에 실시되었던 동물 실험을 대체할 수 있었다는 이야기를 해주어야 한다.

4. 주어를 밝혀라

영어에서는 자신에 대해서 말을 할 때 항상 "I~"라는 주어가 나온다. 하지만 우리말에서는 "나는~"이라고 문장을 시작하는 경우가 거의 없다. 예를 들어 내가 배가 고플 때, 영어로는 "I am hungry"라고 해야 하지만, 우리말로는 그저 "배고파" 한마디면 된다. 주어가 없는 문장에 익숙해서인지 우리는 말을 할 때뿐 아니라 글을 쓸 때도 주어를 생략하는 경우가 많다. 말을 할 때는 화자를 분명히 알 수 있으니 상관없지만, 글을 쓸 때는 독자와 맞대면하는 것이 아니니 주어를 써주는 것이 불필요한 오해를 막는 길이다. 위의 글에서도 "따라서 이를 대체할 방법으로 '인공 피부' 개발을 목표로 삼고 이에 매진해왔다"라는 말이 있는데, 누가 목표로 삼고 연구했는지 주어를 밝혔더라면 의미 전달이 더 명확해졌을 것이다.

5. 가능하면 사람을 우선해라

영어로 된 문서를 많이 사용하는 이공계 업무에서는 자신도 모르게 사물을 주어로 하는 수동태 문장을 쓰는 경우가 많다. 사물이 주어가 되는 것이 반드시 틀린 것은 아니지만, 우리말의 기본은 사람을 주어로 하는 능동형 문장이다. 특별히 강조하기 위한 경우가 아니라면 가능한 한 사람을 주어로 하는 것이 좋다. 또한 수동태 문장의 경우 힘을 가하는 주체가 생략된 경우 모호한 문장이 만들어질 수 있으므로, 이런 오해를 피하기 위해서라도 인칭 주어의 능동형 문장이 좋다. "수많은 나무들이 석상을 위해 베였고"보다는 "이스터 섬의 주민들은 석상을 만들기 위해 나무들을 베었고"가 더 어울리는 표현이다.

과학자와 기자 사이의 효과적인 커뮤니케이션 방법

"실례지만 강태공 책임연구원님 되십니까? 저는 SC일보의 손오공 기자라고 합니다. 보도자료를 보고 한 가지 궁금한 것이 있어 전화드렸습니다."

"네? 보도자료요?"

"네. 지난번에 SC화장품에서 배포한 보도자료에 홍보팀 전화번호와 함께 담당 연구자 대표로 강 책임님의 전화번호가 적혀 있었습니다. 그걸 보고 제가 이번에 기사를 쓰는 데 도움을 받고 싶어 전화드렸습니다. 괜찮다면 한번 찾아뵙고 인터뷰를 해도 되겠습니까?"

강태공은 손오공 기자의 전화를 받고 당황했다. 신문사 기자가 보도자료를 받고 궁금해서 전화를 하다니…. 그제야 그는 이번에 SC화장품에서 론칭한 신종플루 대비 손 세정제가 생각났다. 홍보실에서 보도자료를 작성하면서 연구 담당자로 그의 이름을 넣었던 것이다.

강태공 책임연구원은 신종플루가 유행하자마자 회사에 물에 헹굴 필요 없이 언제 어디서나 간편하게 휴대해서 사용할 수 있는 손 세정제 개발을 회사에 건의해서 타사보다 한발 빠르게 시장에 내놓은 숨은 공신으로 인정받고 있었다. 특히 표현정이 이 손 세정제의 홍보 포인트를 '손을 위한 손 세정제'로 잡고 론칭한 것이 주효했다. 기존에 손 세정제는 많이 나와 있었으나 '손 세정제=비누'라는 느낌이 강했다. 이에 표현정은 '화장품으로 기능하는 손 세정제'로 부딪쳐본 것이다. 실제로 손 세정제는 핸드크림의 역할도 겸해 손을 자주 씻을 경우 생겨나는 건조함을 막고, 또 그 특유의 알코올 냄새 대신 향긋한 향을 합성한 터였다. 손이 건조해지는 겨울이라는 계절의 특성상 '손을 위한 손 세정제'라는 콘셉트로 시장에서 폭발적인 반응을 이끌어내 두 달 연속 회사 매출액 상승의 일등공신으로서 불티나게 팔리고 있었다.

"아, 그 '손을 위한 손 세정제' 말씀이군요."

"네, 신종플루 유행 때문에 손 씻기에 대한 관심이 높아져서 그에 대한 기사를 작성 중인데요, 관련해서 강 책임님이 좋은 말씀 해주실 거란 생각이 들었습니다. 혹시 이번 주 중으로 시간이 됩니까?"

그렇게 강태공 책임연구원은 손오공과 약속을 잡았다.

* * *

"전 대리, 지금 바빠? 잠깐 밖에서 좀 봐."

"네? 아니요. 지금 나가죠."

갑자기 표 팀장이 심각한 얼굴로 전 대리를 불렀다. 그녀의 얼굴에 근심이 가득해 보였다.

"무슨 일이에요, 선배?"

"거두절미하고, 이공아 너 SC일보 손오공 기자 안다고 했지?"

"네, 알죠. 고등학교 동창이에요."

"잘 알아? 많이 친해?"

"꽤 친한 편인데, 왜 그러세요?"

"확실하지? 그나마 다행이다. 그럼 지금 얼른 가서 손오공 기자 좀 만나봐. 아직 홍보실장실에 있을 거야."

"네? 오공이가 회사에 왔어요? 그런데 무슨 일이에요?"

"그게 말이지… 실은…"

* * *

"안녕하십니까, 강 책임연구원님. 제가 전화드린 SC일보의 손오공입니다."

"안녕하십니까. 제가 강태공입니다. 그리고 이쪽은 우리 회사 홍보실에서 제품 홍보팀을 맡고 있는 표현정 팀장."

"안녕하세요, 손오공 기자님. 기사 잘 보고 있습니다."

서로 인사와 소개 그리고 명함 주고받기가 끝난 뒤 본격적으로 인터뷰가 시작되었다.

"제가 신종플루와 관련해서 손 씻기에 대한 자료를 찾다보니 SC화장품에서 배포한 보도자료를 접하게 되었습니다. 그런데 읽어보니 이해가 좀 안 가는 부분이 있어서요. 여기 보니까 말초 혈관을 단련시켜주는 피톤치드 편백오일이 들어 있어 세균 박멸에 뛰어난 효과가 있다고 적혀 있던데. 피톤치드, 편백오일, 이게 무슨 뜻입니까?"

"피톤치드, 편백오일이요?"

"네. 기사를 쓰려면 정확히 이해하고 써야 하거든요."

"어허! 제게 취재 온 분이 그것도 모르시면 곤란한데요. 피톤치드를 물어보는 것은 마치 영어 ABC를 어떻게 읽느냐고 물어보는 것 같은데요. 검색해보세요, 금방 나와요. 그리고 그런 건 취재하기 전에 미리 알아보고 오셨어야죠."

예상치 못한 강 책임연구원의 말에 손오공 기자의 얼굴이 붉으락푸르락해졌고, 대화는 맥이 끊겼다.

"강 책임님, 저는 최대한 예의를 지키면서 말씀드린 건데 이렇게 나오시면 곤란합니다."

손오공은 적잖이 기분이 상한 눈치였다. 표 팀장은 불과 얼마 전까지만 하더라도 기자들이 취재원의 기를 꺾기 위해 무조건 반말부터 한다는 말을 들었던 터였다. 거기에 비한다면 손오공의 태도는 매우 예의 바른 편이었다. 그런데 이런 대우를 받았으니 손오공이 가만있지 않을 터였다. 손오공의 눈치를 보던 표 팀장은 분위기가 더 험악하게 흘러가기 전에 막아야겠다고 생각했다. 그래서 순간 빠져나와 홍보실에 전화를 걸어 홍보실장에게 SOS를 요청했다. 연락을 받은 홍보실장이 달려와 손오공을 데리고 나간 사이, 표 팀장은 강태공을 설득하기 시작했다.

"강 책임님, 그래도 상대는 기자인데, 좀 심했던 것 같네요. 영어 ABC를 어떻게 읽느냐고 비유한 것은 좀…"
"표 팀장, 그 사람 기자 맞아? 피톤치드를 모른다니 말이 돼? 자기가 필요해서 연락하면서 어떻게 공부를 이렇게도 안 하고 온 거야?"
"기자들 그런 게 하루 이틀도 아니고요. 그래도 아쉬운 건 우리란 말이에요."
"우리가 뭐가 아쉬워? 제품 성능 좋고 잘 팔리고 있는데?"
표현정은 고지식하고 자존심 강하며 직설적인 성격의 강태공이 일을 크게 벌인 것 같아 불안했다. 기자의 취재에 응대하기도 전에 '상식'에 대해 얘기한 것은 누가 보더라도 심한 처사라고 느낄 만했다. 불안한 예감은 적중률이 높다고 했던가? 곧 홍보실에서 전화가 왔다.
"어이쿠, 강 책임님. 손오공 기자에게 뭐라고 하셨어요? 손오공 기자가 난리가 났어요."
"왜요? 할 말을 했을 뿐인데요."
"손오공 기자가 취재원에게 그렇게 면박당하기는 처음이래요. 피톤치드를 몰라서 물었던 것이 아니라 피톤치드가 어떻게 손 세정제에 쓰이냐고 물어보고 싶었고 효능은 어느 정도인지 알고 싶어서 강 책임님께 직접 전화했다고 하더라고요."
"피톤지드가 뭐냐고 묻더군요, 무식하게요."
"그래도 기사로 작성하려고 물었던 것인데 친절하게 설명해주지 그러셨어요."
"그런 건 검색만 해도 나오잖습니까. 어느 정도 수준이 돼야 알려주지. 그리고 내 연락처는 왜 적어놨습니까?"
"회사가 낸 보도자료에 보도 내용은 물론이거니와 추가 취재를 위해 취재원을 명시하는 게 당연하잖아요. 보도자료 작성은커녕 불리한 기사로 나오지 않을까 걱정됩니다. 손오공 기자가 작성한 기사 때문에 매출 상승세가 꺾이면 책임지실 거예요?"
"그게 그 정도로 심각한 사안인가요…."
그쯤 되자 자존심 강한 강태공 책임도 슬슬 걱정되기 시작했다.

 **갑작스런 기자와의 인터뷰 어떻게 할까?**

회사나 학교, 연구소에 근무하는 이공계 출신 과학자(연구자)들은 연구나 개발 성과 등에 대해 기자와 인터뷰를 해야 할 때가 적지 않다. 특히 책임자의 위치에 올라서면 그런 기회가 잦아진다. 기자와의 인터뷰는 대면 인터뷰와 서면 인터뷰 그리고 전화 인터뷰 등으로 나뉜다. 그중 전화 인터뷰가 가장 흔하게 이뤄지는데, 편리성과 즉시성은 있지만 뉘앙스에 따라 기자와 취재원 사이에 미묘한 해석 차이를 낳을 수도 있다.

홍보 전담 부서를 두고 있는 큰 회사나 연구원의 경우 대부분 홍보팀에서 일을 처리하지만 기자들은 홍보팀보다는 취재원과 직접 대화하는 것을 선호하는 편이다. 홍보팀이 문지기(게이트 키핑) 역할을 한다고 생각하기 때문이다. 따라서 기자에게 전화를 하거나 받을 때는 전략적으로 접근해야 한다. 말 한마디, 단어 한마디를 잘 선택하면 회사의 매출이나 이익, 주가에 긍정적인 영향을 주는 반면 그렇지 못하면 부정적 영향을 미치기 십상이다. 더구나 우리나라 기자들은 신문방송학과, 사회학과, 어문계열, 사회과학계열, 경영경제학과 등 문과 출신이 많다. 그러니 과학적 사고를 갖춘 이공계와 다를 수밖에 없다. 문과 출신 기자들은 과학이나 수학적 사고가 부족한 것이 사실이지만 이해력과 순발력, 표현력은 뛰어난 편이다. 기자와의 인터뷰는 신중하면서도 과감히 접근할 필요가 있다. 어떻게 하는 것이 좋을까?

1. 기자가 무엇을 원하는지 파악하라

기자들은 차별화된 기사를 작성하기 위해 취재원에게 직접 전화하는 것을 선호한다. 보도자료는 인터넷이나 신문, 방송에 같은 내용으로 나가는 만큼 차별화를 위해 개발자, 연구자와 직접 대화하기를 원하는 것이다. 기자가 원하는 것이 무엇인지 묻고 그에 대해 대답하는 방법도 좋을 것이다.

2. 솔직해야 한다. 그러나 오버는 금물

취재원들은 기자와 인터뷰할 때 기사의 방향을 두고 걱정한다. 소위 좋은 기사와 나쁜 기사를 선험적으로 구분하는 것이다. 그러나 기자들은 좋은 기사와 나쁜 기사를 미리 구분해놓고 쓰는 경우보다 취재원과의 인터뷰나 취재 과정에서 바뀌는 경우가 많다. 취재원이 솔직하게 응하면 대체로 긍정적인 톤으로 기사가 나가는 경우가 많다. 그러나 타기자와의 친분을 과시하거나, 자신의 직책이나 직함을 내세우거나, 쓸데없이 말이 많은 것은 신뢰를 떨어뜨릴 가능성이 크다. 혹시 부정적인 기사를 취재하기 위해 전화를 하거나 인터뷰를 했더라도 취재원이 솔직하게 답변을 하고 양해를 구하면 이를 수용하는 기자가 많디.

강태공과의 만남 이후 기분이 상해 펄펄 뛰던 손오공은 친구 전이공의 부탁과 홍보실장 및 표현정 팀장의 간곡한 요청에 어느 정도 기분이 풀린 상태였다. 하지만 자신에게 무례하게 굴었던 강태공에 대한 앙금이 완전히 가시지는 않았다. 결국 이 사건은 강태공이 손오공에게 직접 전화를 걸어 사과하면서 마무리되었다.

사과는 했지만 강태공의 기분은 썩 좋지 못했다. 회사를 생각해서 자존심을 굽히긴 했지만, 마음속에는 여전히 기자들에 대한 불신이 남아 있었기 때문이었다.

"손오공 기자, 그 사람 나한테 피톤치드에 대해 물어볼 때부터 알아봤어. 기사를 이렇게 핵심만 비껴가면서 쓰면 어떻게 해, 쯧쯧."

아침에 배달된 조간신문을 읽던 강태공은 갑자기 불평을 터트리기 시작했다.

"무슨 기사인데요?"

"이거 봐. 지난번에 여기 와서 그렇게 잘난 척하더니 손오공 기자 기사 쓴 것 좀 보라고. 우리 회사 얘기는 아니지만 말이야. 딱 거두절미하고 서론 부분만 쓴 것 같은 느낌이야. 이래서 독자들이 알아먹겠어? 자, 보라고."

기사는 국내의 한 연구소가 휴대폰 등 모바일 기기와 전기자동차의 사용 시간을 늘릴 수 있는 이차전지 제조기술을 개발했다는 내용이었다.

모바일 기기와 전기자동차의 사용 시간을 획기적으로 늘릴 수 있는 고효율 이차전지 나노 소재 제조기술이 국내 연구진에 의해 개발돼 본격적인 상용화 준비에 들어갔다.

한국과학원 재료연구단이 개발한 이 기술은 나노섬유 전극 소재를 적은 비용으로 손쉽게 대량생산할 수 있는 신기술이다. 특히 전극 소재가 섬유와 같은 구조를 가지고 있어 표면적이 넓고 섬유 사이의 열린 공간을 통해 리튬이온이 빠르게 이동할 수 있어 고출력이 우수한 것이 특징이다. 기존 실리콘과 주석 계열의 나노입자 및 나노와이어는 생산 단가가 너무 비싸다는 것이 상용화의 걸림돌이었다.

연구진은 이 기술을 미국과 일본에 특허를 출원해놓았으며 국내 기업에 기술을 이전해 2~3년 내에 다양한 이차전지 응용 제품을 상용화할 계획이다.

"간단하게 잘된 것 같은데요."
"너무 간단하잖아. 이게 뭐야. 이차전지는 양극과 음극이 분리막에 의해 분리되어 있는데 전지를 장시간 사용하기 위해서는 고용량 특성을 가진 음극 소재가 필요하다는 내용이 들어가야 기사로서 가치가 있지. 현재 시장에 나와 있는 흑연계 음극 소재는 용량이 372mAh/g밖에 안 되잖아. 리튬이온을 저장하는 데 한계가 있어 장시간 사용이 어렵다는 점도 지적해줘야 하고."

"그런 내용이 들어가면 독자들이 이해할까요?"

"그래도 자세히 설명해줘야 하는 게 기사 아닌가? 독자들이 의심을 갖지 않도록 해야지. 고등학생도 아니고 말이야. 흑연계 음극 소재 대안으로 실리콘이나 주석 계열 소재가 활발히 연구되고 있다는 건 왜 기사에 없어? 이러니까 기자들이 무식하다는 소릴 듣는 거야. 이거 원…."

강태공은 손오공 기자의 기사에서 시작해 결국 기자들의 무식함에 대해 소리 높여 성토하기 시작했다. 역시 과학자와 기자의 간극은 넓고 깊다.

기자와의 만남은 중요하다 - 그들이 기대하는 바를 주어라

전문가들은 기자를 대할 때 상대를 자신과 동등한 수준의 전문가로 간주하는 경우가 많다. 하지만 기자들 역시 일반 독자와 마찬가지로 해당 특수 분야의 지식이 부족한 경우가 많고, 이는 당연한 일이다. 기자와의 만남에서는 그들이 원하는 바를 주어야 한다.

 ## 과학 기사 이해하기

1. 과학 기사는 대부분 설명 기사
과학 기사는 연구 분야별로 보면 수없이 많은 종류로 분류할 수 있지만 내용 면에서는 대부분 연구 결과나 어떤 현상 등을 알기 쉽게 풀어서 전해주는 설명식 기사가 대부분이다. 인류 생활을 어떤 식으로 변화시킬 수 있는 신물질, 신기술이 개발됐다거나 어느 연구팀이 인간 노화 과정을 규명해냈다, 또는 우주의 기원을 밝혀줄 연구 결과가 발표됐다는 등의 기사는 모두 설명 기사 범주에 들어간다. 신기술이 개발된 것이라면 그것이 일상생활이나 산업계에 어떤 영향을 가져올 것인가가 기사의 중심이 된다. 기자들은 신기술 자체를 설명하는 데 매달리기보다는 신기술을 짧게 설명한 뒤 이것이 지금까지 사람들이 잘 알고 있던 과거나 현재의 기술과 어떤 차이가 있는지와 이로 인해 예상되는 삶의 변화에 초점을 맞춰 기사를 작성한다.

2. 지면의 한계로 인한 거두절미
지면의 한계로 인해 연구 결과 등을 자세히 서술하지 못하는 경우도 많다. 거두절미하고 요점만 짚어 작성되는 경우도 적지 않다.

3. 검증의 필요성
특종 거리를 준다면서 연구 결과를 가지고 보도를 요구하는 과학자들도 적지 않다. 기자들은 과학적 성과나 발명을 검증할 객관적인 시각을 갖추지 못하고 있기 때문에 다른 전문가들에게 문의해서 검증을 요구하는 사례도 많다. 최근에는 엄청난 반향이 예상되는 것은 큰 기사가 될 수 있지만 "세계 최초" "국내 유일"이란 단어는 쓰지 않는 편이다. 누구도 객관적으로 검증할 수 없기 때문이다.

유사하면서도
다른 글쓰기와 말하기:
대중 강연

"전 대리, 지난번에 애 많이 썼어. 손오공 기자 그렇게 펄펄 뛰었는데 그래도 전 대리 덕에 진정됐잖아."

"뭘요, 손오공 걔가 그래 봬도 모질지는 못해서요."

"다행이야. 앞으로도 손 기자한테 우리 회사 얘기 좀 잘해두라고."

전 대리는 지난번 일로 홍보실장의 눈에 들게 되었다.

"처음에 자네가 연구소에서 홍보실로 온다고 했을 때 난 솔직히 반대했네. 그런데 요즘 자네를 보니 기우였던 것 같아. 표 팀장도 자네 칭찬을 많이 한다네."

"아직 많이 부족합니다. 예쁘게 봐주셔서 감사할 따름이지요."

"아냐, 내가 봐도 자네 많이 변했어. 비결이 있나?"

"사실 표 팀장님이 많이 도와줬습니다. 그리고 요즘 학교에서는 실험뿐 아니라 대학원 후배들하고 글쓰기와 표현력 세미나를 하고 있습니다. 저는 이공계생들도 자기 피알을 할 줄 알아야 한다고 보거든요. 의외로 후배들도 바쁜 실험 일정 속에서 잘 따라와주고 있고요."

"그렇구먼. 안 그래도 그런 게 필요하다고 생각하고 있었어. 우리 애가 고2인데, 이과인데도 논술이랑 면접 준비 때문에 힘들어하는 눈치야."

"표현력은 하루아침에 되는 게 아니죠. 틈나는 대로 콩나물에 물 주듯이 꾸준하게 해야 느는 것이니 지금부터라도 미리 준비를 시켜두어야 할 겁니다."

"그나저나 우리 아들이 다니는 학교에서는 매 학기 돌아가면서 학부모 특별 강연을 하거든. 다음 주인데 덜컥 약속을 잡았지만 내가 시간이 안 돼서 말이지. 자네가 대신 가는 걸로 추천하면 어떨까? 표현력 세미나를 한다니 한번 나가보지 그래?"

전 대리는 깜짝 놀랐다.

"실장님이 그렇게 말씀한다면 한번 해보겠습니다. 그런데 그걸 위해서 사내 강사 교육을 신청해서 들어도 되겠습니까? 이번 주에 등록해서 내주에 연수인데요. 아무래도 강연을 하려면 교육을 좀 받았으면 합니다."

"그럼 그렇게 하라고. 내가 시간을 빼줄 테니까."

'흐음, 생각보다 일이 잘 풀리는걸? 어쩌면 이게 기회일지도 몰라.'

상사로부터 공식적으로 연수 기회를 얻은 전 대리는 새로운 영역에 도전해보기로 결심했다. 글을 쓰는 것뿐 아니라 말하는 능력도 키워보겠다는 야심(?)을 품었다.

'언젠가 대학에서 강의도 좀 하고 싶었는데… 혹시 알아? 여의도로 진출할지도! 하하하.'

대중 앞에 서기 전에 충분히 연습하라!

대중은 냉정하다. 그들은 흥미를 잃으면 바로 돌아선다. 그들 앞에 서기 전에는 그 어떤 발표보다 더 많은 연습이 필요하다.

 **효과적인 대중 강연을 위한 준비 1**

1. 청중이 누구인가?
대중 강연에서 가장 중요한 것은 바로 청중이 누구인가이다. 청중은 초등학생일 수도 있고 그 분야의 최고 전문가일 수도 있다. 초등학생 앞에서 신물질의 분자 구조와 부작용에 대해 설명하는 장면을 상상해보자. 애들은 5초도 안 돼서 소란스러워져 사실상 강의를 마무리하지 못할 수 있다. 반대로 화학박사 50명을 모셔놓고 동요나 불러준다면 어떻게 되겠는가? 강연을 할 때는 누가 들으러 올 것인지를 정확하게 물어보고, 여기에 대비하는 것이 가장 중요하다.

2. 프레젠테이션 자료 준비하기
요즘 웬만한 강의에서는 프레젠테이션 자료가 필요하다. 대학자의 강연이나 연설 전문가들은 아무런 자료 없이 청중을 휘어잡고 곧잘 정보를 제공한다. 그렇지만 보통의 강연자들은 이른바 '말발'만으로는 메시지를 전달하기 힘들다. 오히려 충실한 자료와 준비된 원고가 뒷받침돼야 강연을 통해 제대로 전달할 수 있다. 특히 이공계 관련 소재로 강연을 하게 된다면 더더욱 그렇다. 산소의 분자 구조를 어떻게 말만으로 설명할 수 있을까? 적어도 칠판에 그림을 그려야 한다. 더 좋은 것은 프레젠테이션 자료를 통해서 그림과 비유 등을 사용한다면 훨씬 쉽게 내용을 이해시킬 수 있을 것이다.

3. 대본 마련하기
강연을 하다보면 초보 강사들은 흥분한 나머지 논지를 잃고 헤매는 경우가 많다. 논지를 끝까지 힘 있게 밀고 나가기 위해서는 중간에 길을 잃지 않도록 대비해야 한다. 동일한 내용을 수십에서 수백 번 되풀이하는 경우가 아니라면, 매회 바뀔 수밖에 없는 강연을 준비할 때는 프레젠테이션 장표마다 설명할 내용을 꼼꼼하게 메모해서 가져가는 것이 좋다. 보통 강연자들은 강의 시작 전에 무슨 얘기를 할 것인지를 제법 논리적으로 구성한다. 그러나 청중이 전혀 이해를 하지 못하거나 당황하는 상황이 생긴다면, 원래 하고자 했던 것들은 잊어버린 채 흥분해서 다른 얘기로 빠지게 된다. 그러다가 본의 아니게 정치적으로 올바르지 못한 발언, 예를 들어 성 또는 인종 차별적인 발언을 한다든지 아니면 육두문자를 쓰는 실수를 범하기도 한다.

이를 방지하기 위해서는 초보 강사의 경우 대본을 작성하는 것이 필수다. 방송사 출현 경험이 있는 사람들은 겪어봤을 것이다. 드라마 같은 데만 대본이 있는 것이 아니다. 리얼리티를 강조하는 시사 프로그램에도 각본이 있다. 웬만하면 미리 준비한 질의응답에 따라서 프로그램을 진행한다. 그렇지 않으면 생방송 도중에 실수하기 십상이기 때문이다. 따라서 강의 시간과 장표 수에 맞춰서 강의 내용을 장표 옆에 하나하나 기록해서 그대로 읽어나갈 것을 권한다. 경력이 조금 생기고, 게다가 강의 내용이 대상에 따라 중복되는 경우라면 대본 전체를 사용하기보다는 목차와 강연 개요를 정리해서 손바닥이나 원고지를 보면서 할 수 있다. 대가가 되기까지는 실수하지 않도록 유의하는 것이 필요하다. 첫술에 배부를 생각을 하기보다는 초기에 실수를 줄일 수 있도록 대본을 마련하자.

4. 이야기 구조를 갖추자

화장품 회사에서 제품을 설명하더라도 이야기 구조를 갖추면 대중이 이해하기 편하다. 사람들은 이야기 구조에 익숙해 있다. 대체로 우리가 익숙하게 들어왔던 신화나 동화는 어떤 곳에서 출발하고 어려움을 겪으며 모험을 하고 이를 극복한 뒤에 다시 고향으로 돌아오는 구조를 갖추고 있다. 이러한 형식을 강조하는 것인 바로 기-승-전-결 내지 서론-본론-결론 체계이다. 사람들이 이야기를 접하기 쉬운 순서로 내용을 편성해야 이해를 끌어내기 쉽다. 포스트모더니즘을 주장하는 학자처럼 해체적으로 발표를 했다가는 바로 다음 강의부터 연사 목록에서 그는 '해체' 되어버릴 것이 확실하다.

강의를 마련하면서 초기에는 관심을 환기시킬 만한 소재를 활용한다. 최근에 발생한 사건이나 사람들이 누구나 알 법한 사례를 들면서 강연 초반의 어색한 분위기를 추스른다. 회사 연수 등 강의를 듣는 자리에서 청중으로서 자신이 '저 강사 얼마나 잘하나 보자' 라는 식으로 냉소적인 태도로 앉아 있을 때를 생각해보자. 그러다가 강사가 재미있는 사례를 들면서 이야기보따리를 풀어내면 어느새 박장대소하면서 그의 이야기에 빠져들고 만다. 사례로 시작하고 이를 이론이나 자신이 주장하고 싶은 내용으로 연결해서 분위기를 강사 쪽으로 이끌어낸다. 이렇게 하면 강의 중반까지는 청중을 자신의 이야기 속으로 끌어들일 수 있다. 그러나 강의 시간의 절반쯤에 이르면 한계에 다다르게 된다. 그쯤 되면 졸고 있는 청중을 목격하기 마련이다. 초보 강사의 경우 '주무시는 분'을 접하면 화가 나거나 당황하고 만다. 이쯤 다시 한번 사례 등을 통해서 절정에 이르게 해야 한다. 전체의 70퍼센트 정도에 이르렀을 때, 야구로 말하면 7회쯤에 결정타를 하나 날려야 끝까지 강연을 이끌어나갈 수 있다. 핵심 주제와 가장 연관이 깊은 사례를 도입해서 분위기를 다시 한번 강사 위주로 이끈 다음 결론 부분으로 달리면 된다.

대중 강연의 기본 1 - 강의 자료 준비하기

사내 강사 양성 과정에서 연수를 받던 첫날, 전 대리는 글쓰기하고 말하기는 유사하면서도 차이점이 좀 있다는 사실을 깨달았다. 글쓰기는 문자로 남기 때문에 독자들이 여러 형태로 나중에 되새겨볼 수 있지만, 강연의 경우 청중을 그 자리에서 바로 이해시켜야 한다. 전 대리는 후배들에게 알려줄 요량으로 꼼꼼히 메모를 했다.

청중이 알아들을 때까지

'강의 하는 법'을 강연하는 강사의 이야기 구조에 푹 빠졌던 전 대리는 첫날 강의에서 상당히 많은 것을 느끼며 사무실로 돌아왔다.

'음, 이번에 내가 갈 곳은 고등학교. 당장 다음 주에 여드름 나 있는 고등학생들에게 화장품의 역사와 화학산업에 대해서 설명해야 하는데, 무슨 이야기로 애들의 주목을 끌지? 여학생들이야 화장품에 관심이 있을 테고 샘플도 나눠줄 테니 열심히 듣겠지만, 어디 남학생들이 흥미나 있겠나? 걱정이네.'

전 대리는 인터넷을 통해 화장품과 관련된 이야기를 검색하면서 강연을 맛깔나게 할 자료를 찾아야겠다고 생각했다.

'화장품으로 인해서 나타난 각종 사회 사건들을 먼저 모으고 관련

된 영화도 찾아봐야겠다.'

요즘 학생들은 인터넷을 통한 사진과 동영상에 익숙한 비주얼 세대들이었다. 이들에게 글자로만 보여주는 텍스트 강의는 맞지 않을 것이라 여긴 전이공은 여러 루트를 통해 동영상 클립과 다양하고 화려한 자료를 찾아서 파워포인트를 마련해보기로 했다. 부장님이 제공한 거의 논문 형태의 기초 자료를 쉬운 용어로 바꿔가면서 가급적이면 이야기 형태로 편집하겠다는 계획을 세웠다.

대중 강연의 기본 2: Practice makes PERFECT!

몇 차례 수업을 통해 강사로서의 자질을 갖춘 전 대리는 새로운 도전을 하게 된다. 사흘 뒤면 일일 교사로 서야 했다.

"어머니, 저 오늘 처음 강의하러 가는데 머리는 어떤 스타일로 하는 게 좋겠어요? 넥타이 빨간색으로 매면 여학생들이 싫어하지 않을까요?"

전 대리는 어머니 앞에서 재롱을 부리듯이 이 옷 저 옷 입어가며 강의 준비를 했다. 그런데 어머니는 찬물을 끼얹는 말을 하셨다.

"별걸 다 신경 쓰네. 선생이 학생들한테 잘 보이려고 강의한다든? 그럴 시간 있으면 강연 연습을 한 번이라도 더하지 그러냐!"

어머니는 약 올리듯이 '정 긴장되면 나한테 리허설이라도 해볼 래?'라고 말씀하셨다. 리허설? 그건 좋지만 어머니 앞에서 하자니 어쩐지 쑥스러웠다. 생각 끝에 전 대리는 혼자서 해보기로 결정했다. 컴퓨터에 웹캠을 설치하고 자신의 강연 모습을 녹화하여 그 모습을 보기로 한 것이다.

그렇게 시작된 전 대리의 나 홀로 웹캠 강연. 전 대리는 녹화 파일을 다시 돌려보면서 많은 것을 깨달았다. 먼저 발견한 것은 자세가 구부정하다는 것. 키가 큰 편이어서 항상 다른 사람들과 눈높이를 맞추려고 몸을 굽혔던 것이 버릇이 되었는지 평소에도 구부정해 보였다. 저런 자세로는 사람들에게 믿음을 주지 못하겠다는 생각이 들었다. 발음도 그다지 좋지 못했다. 웅얼거리는 말투가 심한 편은 아니지만 몇몇 단어의 경우 정확히 무엇을 말했는지 잘 들리지 않았다. 앞뒤 문맥을 통해 유추할 순 있었지만 그래도 발음 교정이 필요해 보였다. 강연 내내 마네킹 팔처럼 너무 뻣뻣하게 늘어져 있는 손과 긴장한 얼굴 표정 역시 고쳐야 할 듯했다. 또 파워포인트 각 장에 대한 설명이 일정하지 못했고, 길었다 짧았다 하는 것도 약간은 거슬렸다.

'휴우, 이렇게 고칠 게 많다니. 리허설 안 해봤으면 큰일 날 뻔했는걸.'

대중 강연의 기본 3: 청중과 호흡 맞추기

드디어 그날이 왔다. 전 대리는 보무당당하게 교실로 들었다. 여러 반을 합반했는지 100명은 됨 직한 학생들이 웅성웅성 떠들고 있었다.

"생각보다 많네. 부장님 아들이 있는 반이라고 해서 한 30명 앞에서 하는 줄 알았는데!"

사전에 대본도 준비했고 예행연습도 했지만 가슴이 뛰는 것은 어쩔 수 없었다. 게다가 사춘기 여고생들이 끼어 있으니 오죽했을까.

'그래봤자 어린애들이잖아. 전이공, 연습한 대로 해보는 거야.'

전 대리는 우선 사람들을 훑어봤다. 그리고 얘기를 시작했다.

"안녕하세요, 여러분. 저는 SC화장품 회사 연구원 전이공이라고 합니다. 아마도 남학생들은 화장품에 관한 거라서 예쁜 여자 강사님이 오실 거라고 기대했을 텐데, 아저씨가 와서 실망했나요? 실망은 잠시 접어두고 오늘의 이야기로 들어가지요. 혹시 이중에서 화장품 써본 꽃남 학생들 있는지 손 들어보세요."

화장품에 대한 강의이니만큼 주의를 환기시키면서 준비한 대로 이야기를 진행했다. 그는 청중이 화장품에 대해 얼마나 지식을 갖추고 있는지, 실제로 사용하는지에 대해 점검하면서 말을 풀어나갔다.

처음에는 심드렁했던 학생들은 점차 강의에 집중하기 시작했다.

청중을 보고 끊임없이 눈높이를 조정하라!

같은 강연이라도 청중이 누구냐에 따라 전달 방법은 달라져야 한다. 청중에 대한 인식은 강연 내내 계속되어야 하며, 청중을 보고 끊임없이 눈높이를 조정할 필요가 있다.

학생들의 시선이 자기에게 꽂히는 것을 느끼자 전 대리에게 갑자기 용기가 솟아났다.

 **TIP** 효과적인 대중 강연을 위한 준비 2

1. 예행연습을 하자

초보 강연자라면 예행연습이 필요하다. 혼자 있을 때는 자신만만할 수 있다. 그러나 막상 마이크를 잡으면 손이 덜덜 떨리고, 목소리는 개미소리만 해지기 십상이다. 이런 사태를 막기 위해서라도 실제와 같이 연습해볼 필요가 있다. 가족이나 지인들을 모셔놓고 같은 내용을 사전에 훈련해보자. 처음에는 어색하고 우습겠지만 한 5분만 지나면 실제 상황처럼 얼굴이 달아오르며 훈련하게 된다. 중간 중간 강연이 끊기면서 수정할 부분도 눈에 띈다. 그때그때 수정을 거치면서 고치면 실제 상황에서 당황하지 않고 강연을 할 수 있다.

2. 웹캠이나 디지털 카메라를 활용한다

가족이나 지인을 청중으로 모시기 어렵거나 쑥스러울 때는 동영상 촬영을 활용하면 좋다. 골프, 테니스 등을 연습할 때 자신의 동작을 촬영하는 것과 같은 이치다. 컴퓨터에 웹캠을 설치하거나 디카의 영상 촬영 기능을 이용해서 자신이 강연하는 내용을 녹화한다. 본인이 연설하는 모습을 화면으로 보면 매우 어색한 것이 사실이다. 그러나 청중이 보는 것은 바로 이처럼 어색한 모습들이다. 스스로 촬영한 영상을 보면서 말할 때 과도하게 제스처를 쓴다든지, 어깨나 고개가 삐딱하다든지 등을 수정할 수 있다.

3. 발표 장소에 미리 가본다

초보 강사라면 기본적으로 발표장에 가볼 필요가 있다. 현장의 모습을 보고 자신이 강연하는 모습을 연상하면서 대비하면 실전에서 의연할 수 있다. 강연 전 한두 시간 미리 도착해서 여러 가지 준비를 해야 한다. 컴퓨터에 따라 프로젝션이 잘 작동하지 않을 수도 있다. 프레젠테이션 파일도 프로그램의 버전에 따라 안 될 수 있다. 특히 애니메이션 등을 사용했을 경우, 다른 컴퓨터에 파일을 옮겨서 하게 되면 그래픽이 깨지는 등의 난감한 현상을 겪기도 한다. 이에 대비해서 강의를 준비하는 측에 파일을 미리 보내서 시험 가동을 해보도록 하며, 현장에 미리 도착해 스스로 준비하는 것이 현명하다.

TIP 효과적인 대중 강연을 위한 준비 3

1. 청중의 이해도를 파악하라

누가 나의 강의를 들을 것인지는 강의를 요청한 기관이나 회사를 통해 알 수 있다. 신입사원인지 기존 직원의 재교육인지, 학교라면 고등학생인지 대학생인지 물어볼 수 있다. 대체로 그러한 집단의 평균적인 지적 수준에 맞춰서 준비하는 것이 좋다. 그러나 유사한 집단이라고 하더라도 다 같은 것은 아니다. 따라서 강의 초반에 청중의 이해도를 알아보는 것이 필요하다. 강의 시작한 지 한 10분 되었는데 벌써부터 조는 사람이 생긴다든지 웅성웅성 떠든다든지 한다면 분명히 진행에 문제가 있는 것이다.

2. 질문하는 것을 주저하지 마라

초보 강연자들은 강단에서 청중에게 질문하는 것을 두려워한다. 불특정 다수에게 물어보면 아무도 답변하지 않고 '썰렁한 반응'이 오면 어떻게 하나 하는 염려 때문이다. 그렇지만 전체를 향한 질문이더라도 특정인의 눈을 바라보면서 질문하거나 또는 특정한 복장 및 위치 등을 지정하면서 하면 청중의 목소리를 들을 확률이 커진다. 청중 가운데는 짓궂은 질문을 하는 이도 있다. 그러나 전체 강의 주제와 무관하더라도 일단은 들은 다음에 다른 이야기로 자연스럽게 옮겨가는 식으로 대응할 수 있다. 청중을 긴장시키며 강연자의 공간으로 마음을 끌어내기 위해서는 종종 질문을 던지면서 분위기를 이끌어 갈 필요가 있다.

3. 강의 수준 '급변경' 하기

같은 강의를 여러 번 하다보면 더러 청중이 이해를 못 하는 경우가 있다. 강사의 잘못이라기보다는 청중의 이해도가 떨어지는 경우를 말한다. 이럴 때 강의를 무리하게 진행하기보다는 준비한 프레젠테이션 장표 중에 핵심적이고 사례적인 부분을 중점적으로 짚어줄 필요가 있다. 전부 다 이해시키기 곤란하다면 일부라도 전해주는 것이 강사의 책임이다. 따라서 조금 천천히 진행하고, (비록 즉흥적일 수 있지만) 새롭게 더 쉬운 사례를 찾아서 연결시키다보면 청중이 더 편안하게 이해하게 된다. 그렇게 되면 후반부에 가서는 원래대로 진행할 수 있다.

인간을
인간답게 하는
'커뮤니케이션'

전이공의 강의는 예상 외로 좋은 평가를 얻었다. 전이공은 학생들과의 강의를 통해 소통이 주는 즐거움을 진정으로 느낄 수 있었다. 자신을 표현하고 타인과 교류하는 것이 얼마나 큰 기쁨을 주는지를 온몸으로 체험했기 때문이다.

    그날 이후 전이공의 심경에는 변화가 일어났다. 오랫동안 그는 커뮤니케이션의 중요성에 대해 인지하지 못했다. 그러나 의외로 커뮤니케이션의 중요성은 컸다. 사람이 살아가는 데 있어서 타인과의 교류는 피할 수 없다. 세상사 모든 것이 인간사라 했던가, 사람과 살아가면서 소통은 그 무엇보다 중요했다. 효과적인 커뮤니케이션은 인간 사이의 윤활유가 되어줄 뿐 아니라, 여러 가지 일이 원활하게 처리될 수 있도록 하는 데 매우 큰 도움을 준다는 사실을 깨달았던 것이다.

전 대리는 이제라도 알게 된 것에 안도했다. 그날 이후 그는 표 팀장의 충고나 회사 내에서 자신의 입지를 다지기 위해서가 아니라, 스스로 '인간답게' 살아가기 위한 한 방법으로 커뮤니케이션의 중요성을 알고 깨달은 바를 다시 한번 정리하기로 했다. 자신과 같은 사람들, 커뮤니케이션의 중요성을 전혀 깨닫지 못하는 사람들, 커뮤니케이션의 중요성을 깨달았더라도 어떻게 표현해야 하는지를 알지 못하는 사람들을 위해 안내글을 써보기로 결심한 것이다.

그는 시간이 날 때마다 틈틈이 블로그에 자기 경험을 글로 올리기 시작했다. 대학 시절 겪었던 에피소드, 홍보실의 회의 현장, 블로그 필화 사건 등을 정리해 올리기 시작한 것이다. 그의 글이 어느 정도 모였을 때였다. 이공은 뜻밖의 메일을 받았다.

안녕하세요, 아이디 '이공맨' 님.

이렇게 불쑥 메일을 드려 놀라신 건 아닌지 모르겠습니다.
먼저 제 소개를 하지요.
저는 SC출판사의 편집장 김교정이라고 합니다.
저희 SC출판은 주로 자기 계발 서적을 발간하는 출판사로,
2009년 베스트셀러로 선정되었던

『세 번만 생각하면 인생이 바뀐다』를 비롯해
100여 종의 책을 출간한 내실 있는 출판사입니다.
제가 이렇게 갑자기 메일을 드리게 된 이유는
이공맨님이 운영하시는 블로그에 올리신 글 때문입니다.
예전부터 이공맨님의 글을 눈여겨보고 있던 차에
특히 요즘 포스팅하고 계신
'이공맨의 좌충우돌 커뮤니케이션 도전기' 가 눈에 들어오더군요.
혹 이 글을 묶어서 책으로 내실 의향은 없는지요?
의향이 있다면 저의 SC출판이 도움이 되어드리고 싶습니다.
인연을 맺길 바라며 연락 기다리겠습니다.
좋은 하루 되세요.

SC출판 편집장 김교정 드림

이공은 가슴이 뛰기 시작했다. 자신의 글이 책이 되어 세상에 나오다니! 종이로 인쇄된 책을 만든다는 것은 블로그에 글을 올리는 것과는 또다른 감동을 주었다.

"축하해, 전이공. 아니 전 작가님."
이공의 책이 나오던 날, 가장 먼저 그에게 축하 인사를 전한 것은 역시나 표현정이었다.

"부끄럽네요. 사실 선배 아니었으면 절대 못 할 일이었는데, 오히려 제가 감사해야지요."

"공치사하지 마. 난 그저 네게 조금 도움만 준 것뿐이야. 너는 내 충고를 그냥 귓등으로 흘릴 수도 있었고, 설사 귀를 기울였다고 하더라도 그냥 피상적인 대응에 머물렀을 수도 있어. 하지만 넌 진심으로 그걸 받아들였고 진정으로 노력해서 변화했지. 그건 모두 너의 노력이고 네 몫이야. 그러니까 충분히 찬사받을 자격이 있어."

진심이 담긴 현정의 말에 이공은 가슴이 따뜻해졌다.

"그런데 지금 여기서 뭐하고 있는 거야? 책 나오면 가장 먼저 사인해서 주고 싶은 사람이 조~오기 뒤에서 기다리고 있는 거 같은데. 나한테 첫 번째 책을 줘도 괜찮겠어?"

순간 전이공의 얼굴이 확 붉어졌다.

"선배, 알고 있었어요?"

"전이공, 네가 뛰어봤자 부처님 손바닥 안이지. 떽, 어디 감히 팀장의 눈을 피해 감히 사내에서 연애질(?)을 하려고 들어? 사실 그동안 너희 둘이 그렇고 그런 사이인 거 우리도 모르는 척 눈감아주느라고 피곤했으니까, 이제 숨바꼭질 그만하고 자수해서 광명 찾아라. 언더스탠드?"

"놀리지 마세요. 그럼 죄송합니다만, 저 잠깐 실례하겠습니다."

이공계 글쓰기: 두드려라, 그러면 열릴 것이다

요즘은 과거에 비해 자신을 표현할 수단이 많아졌다. 인터넷은 누구에게나 열려 있기에 글을 쓰고 그것을 타인에게 노출시키는 것도 그리 어렵지 않다. 하지만 이런 시대에도 활자화된 책을 쓴다는 것은 또다른 감동과 묘미가 있다. 그래서 정식으로 책을 출간하는 것에 대해 막연한 동경을 품곤 한다. 하지만 수익성의 문제를 따질 필요가 없는 인터넷과는 달리 책은 교정 및 디자인, 출판에 대한 비용이 발생하기 때문에 기회를 잡기가 쉽지만은 않다. 그렇다고 해서 방법이 없는 것은 아니다. 이때 인터넷은 오프라인으로 진출할 수 있는 중요한 교두보가 된다.

몇 년 전까지만 해도 인터넷과 출판 시장은 어느 정도 분리되어 있었으나 최근에는 온라인에서 인기를 얻은 파워 블로거들의 글이 책으로 출간되어 오프라인 시장에서 인기를 끄는 경우가 드물지 않다. 연구원 출신이던 필자가 전업 작가로 직업을 바꾸게 된 것도 이런 계기가 있었기 때문이다. 10여 년 전, 당시 연구원이었던 필자는 연구소에서 일어난 일들이나 실험을 하면서 겪었던 에피소드들을 인터넷에 올렸는데, 그게 출판 편집자의 눈에 띄면서 책을 내게 되었고, 전업 작가로 일하게 만든 주요 계기가 되었다. 최근에 아예 출판 편집자들은 온라인의 숨어 있는 작가들을 찾아다니기 바쁠 정도다. 따라서 온라인에서 인기를 얻은 무명작가들이 오프라인으로 나오는 일이 상대적으로 쉬워졌다. 그렇다고 해서 모든 이들이 책을 낼 수 있는 것은 아니지만, 기회의 문이 넓어졌다는 것은 사실이다. 출판 편집자들이 개인 블로그에 관심을 가지는 것은 두 가지 이유에서다.

첫째, 인터넷은 매우 빠르다. 현재 일어나고 있는 사건들에 대한 최신 정보가 가장 먼저 뜨는 곳이 인터넷이기 때문이다. 특정 사건에 대해 사회적인 중요성이 대두된 이후 기존 작가에게 의뢰해 글을 쓰기 시작한다면 출간이 될 즈음 분위기가 식어버리는 경우가 많지만, 인터넷에서는 실시간으로 글을 쓰는 사람들이 있어 가장 빨리 최신의 사건들을 다룰 가능성이 높다. 또한 이미 쓰여진 글의 양을 통해 출간 분량을 가늠하기도 쉽다.

둘째, 인터넷은 쌍방향 소통이 가능하다. 따라서 누군가가 글을 올리면 이 글에 대한 반응을 실시간으로 체크할 수 있다. 출간과 유통에 비용이 발생하는 출판 산업의 특성상, 출판사들은 책의 판매 가능성을 염두에 두지 않을 수 없다. 하지만 인터넷의 경우, 이미 기존의 글에 대한 반응을 통해 이 글이 소위 말해 시장에 '먹힐' 것인지의 여부를 판단하기가 용이하다. 넷상에서 통하는 글이라면 십중팔구—물론 전부는 아니다. 인터넷에서는 통통 튀는 매력을 지녔던 글들이 책으로 묶이면 어쩐지 기운이 빠지는 경우도 종종 있다—오프라인에서도 통하기 마련이기 때문이다.

이런 장점으로 인해 요즘 출판 시장에서는 점점 인터넷을 통한 데뷔가 많이 이루어지고 있는 실정이다. 따라서 책을 내고자 하는 욕심이 있는 이라면 자신의 글을 모아서 노출시키는 것이 좋다. 보통 한 권의 단행본 분량이 되기 위해서는 200자 원고지로 700~1000매 정도의 글이 필요하다. A4지 한 장에 원고지 8매 정도가 들어가는 것을 감안할 때 A4로는 100매 내외, 시사 주간지 2면짜리 칼럼이 원고지 16~18매 내외인 것을 감안할 때 이 정도 길이의 글이라면 적어도 40편 이상은 있어야 한 권의 책으로 만들 수 있다. 결코 적은 분량은 아니며, 마음먹는다고 뚝딱 써낼 수 있는 물리량도 아니다. 일주일에 한 편씩이라도 모은다면 1년도 채 되지 않아 쌓일 수 있는 양이기도 하니, 적은 양이라도 꾸준히 써볼 것을 권하고 싶다.

전이공은 멋쩍게 웃으며 책을 들고 뒤돌아섰다. 손간 저쪽에서 둘의 대화에 귀를 기울이고 있던 송아름이 그와 눈이 마주치자 황급히 고개를 돌리는 모습이 눈에 들어왔다. 전이공은 결심한 듯 그녀에게 다가가 책의 한 페이지를 펼쳐 그녀의 눈앞에 내밀었다. 그가 펼친 곳은 '작가의 말'이라는 페이지였다.

이 책이 나올 수 있게 도와주신 많은 분들, 지면을 빌려 진심으로 감사의 말을 전합니다. 먼저 제가 펜을 잡을 수 있는 계기를 만들어준 선배이자 팀장님인 표현정님과 저에게 조언을 아끼지 않았던 친구 손오공, 책을 만드는 계기를 마련해준 김교정님께 감사드립니다. 항상 저를 따뜻하게 지켜봐준 가족들에게도 차마 쑥스러워 하지 못했던 진심으로 사랑한다는 말을 전합니다. 마지막으로 그동안 같은 사무실에서 지켜보기만 했던 그녀에게 이 책을 전하면서 제 마음도 같이 전하고 싶습니다. 이제는 지켜보는 것을 넘어서 그녀 옆에 서고 싶다는 마음을 말이죠.

– 2010년 어느 날, 전이공

"전 대리님, 이건…."
"이건 1쇄 분이라서 아직 이름을 넣지 않았어. 다음 쇄를 찍을 때는 '그녀' 대신에 '송아름'이라는 이름을 넣을 수 있게 해주겠어?"

순간 그녀의 얼굴에 환한 미소가 피어났다.

"물론이죠, 전 대리님. 아니 이공씨."

전이공 인생의 2막은 이제 막 시작되려 하고 있었다. 커다란 행복과 함께.

이공계 글쓰기 달인
ⓒ 김규태·손재권·이은희·이왕열 2010

초판인쇄 2010년 3월 24일
초판발행 2010년 4월 1일

지은이 김규태·손재권·이은희·이왕열
펴낸이 강성민
기획부장 최연희
편집장 이은혜
마케팅 신정민
온라인 마케팅 이상혁 한민아

펴낸곳 (주)글항아리 | 출판등록 2009년 1월 19일 제406-2009-000002호

주소 413-756 경기도 파주시 교하읍 문발리 파주출판도시 513-8
전자우편 bookpot@hanmail.net
전화번호 031-955-8891(마케팅) 031-955-8898(편집부)
팩스 031-955-2557

ISBN 978-89-93905-20-5 03810

이 책의 판권은 지은이와 글항아리에 있습니다.
이 책 내용의 전부 또는 일부를 재사용하려면 반드시 양측의 서면 동의를 받아야 합니다.

에쎄는 (주)글항아리의 브랜드입니다.

이 도서의 국립중앙도서관 출판시도서목록(CIP)은 e-CIP홈페이지(http://www.nl.go.kr/ecip)에서 이용하실 수 있습니다.
(CIP제어번호 : CIP2010000870)